高等院校医学检验专业实验教学系列教材

供医学检验、卫生检验等专业使用

临床血液学检验实验指导

主　编　曾小菁
副主编　张亚莉
编　委　（按姓氏汉语拼音顺序）
付书南（遵义医学院附属医院）
杭建峰（广州军区总医院）
黄吉娥（贵阳医学院）
李新岳（湖南师范大学医学院）
刘咏梅（贵阳医学院）
肖　芸（贵阳医学院）
杨　芳（贵阳医学院）
曾小菁（贵阳医学院附属医院）
张亚莉（贵阳医学院）
赵　蓉（贵阳医学院）
秘　书　刘　菲（贵阳医学院附属医院）

科学出版社
北　京

内 容 简 介

本书是高等院校医学检验专业实验教学系列教材之一,全书分两篇五章共49个实验。第一章至第四章为临床血液学检验技术及验证性实验篇,从检验与临床相结合的角度出发,按红细胞疾病、白细胞疾病、出血与血栓性疾病顺序较系统介绍血液病的实验分类、特征与应用,阐述了临床血液学检验对血液疾病诊治的重要性,能使学生从整体上了解实验诊断对血液系统疾病及相关疾病诊治的意义。尤其是血细胞形态学的检验部分,病例真实生动,图文并茂,特别有助于学生把临床血液学检验与临床诊断相结合,对学生掌握本学科的基本知识、基本技能和指导今后的临床工作具有参考价值。第五章为血液学检验综合性及设计性实验篇,包括两个综合性实验(溶血性贫血的实验室诊断和急性白血病的 MICM 分型诊断)及一个设计性实验(DIC 的实验诊断),旨在培养学生综合运用所学本专业知识、实验方法及实验技能的能力。本书注重的是临床血液学检验与临床诊断的紧密结合,可供高等院校医学检验专业、卫生检验专业学生实验使用,也可供从事临床检验工作和医学研究的技术人员参考使用,并可用作临床医学、医学影像学、麻醉学、法医学、预防医学以及药学专业实验教学的参考用书。

图书在版编目(CIP)数据

临床血液学检验实验指导 / 曾小菁主编. —北京:科学出版社,2012. 6
高等院校医学检验专业实验教学系列教材
ISBN 978-7-03-034832-6

Ⅰ. 临…　Ⅱ. 曾…　Ⅲ. 血液检查-实验-高等学校-教学　Ⅳ. R446. 11-33

中国版本图书馆 CIP 数据核字(2012)第 126473 号

责任编辑:李　植　李国红 / 责任校对:朱光兰
责任印制:李　彤 / 封面设计:范璧合

科 学 出 版 社 出版
北京东黄城根北街 16 号
邮政编码: 100717
http://www.sciencep.com
北京凌奇印刷有限责任公司 印刷
科学出版社发行　各地新华书店经销
*
2012 年 6 月第　一　版　　开本: 787×1092　1/16
2022 年12月第六次印刷　　印张: 8　插页: 8
字数: 181 000
定价: 49.80 元
(如有印装质量问题,我社负责调换)

《高等院校医学检验专业实验教学系列教材》
编写指导委员会

序

医学检验是临床医学与实验医学的有机结合，是运用物理学、化学、分子生物学、免疫学、病原生物学、生物信息学、细胞学等技术，为疾病预防保健、疾病诊断、治疗及科研等提供客观依据的一门学科。医学检验专业的培养目标是培养既具有基础医学、临床医学和检验医学理论知识，又具有实验室基本技能和一定创新能力的高级医学检验人才。

按照《教育部关于"十二五"普通高等教育本科教材建设的若干意见》(教高〔2011〕5号)"充分发挥高等学校在教材建设中的主体作用……高等学校要根据学校特色，促进教材建设与人才培养相结合，与专业建设、课程建设、科研工作、教学方式方法改革和教学辅助资源建设相结合，形成良性互动，建设高质量教材"的精神，这套《高等院校医学检验专业实验教学系列教材》由贵阳医学院牵头，联合第三军医大学、湖北医药学院、北京大学医学部、湖南师范大学、宁夏医科大学、遵义医学院、昆明医学院、海南医学院、徐州医学院、贵阳中医学院、贵阳护理职业学院等高等医药院校和贵州省临床检验中心、贵州省人口计生科研所、贵州省人民医院、贵州省血液中心、贵阳市妇幼保健院儿童医院、广州军区总医院以及贵州省肿瘤医院的专家教授共同编写。这套教材包括了医学检验专业课程的七本实验教材，分别是《临床基础检验学实验指导》、《临床生物化学检验实验指导》、《临床微生物学检验实验指导》、《临床免疫学检验实验指导》、《临床血液学检验实验指导》、《分子诊断学实验指导》及《临床输血学检验实验指导》。本教材可供高等院校医学检验、卫生检验等专业学生实验使用，也可供从事临床检验工作和医学研究的技术人员参考使用。

本书的顺利出版，是各位编者辛勤劳动的结果，也得到各参编单位的大力支持，尤其得到教育部国家级教学团队、高等学校特色专业建设点、贵州省高等学校教学内容和课程体系改革重点项目、贵州省教育厅省级实验教学示范中心和贵州省卫生厅、贵阳医学院及贵阳医学院附属医院专项资金的资助，在此一并致谢。

敬请各位读者在使用中多提宝贵意见，以利修改再版。

《高等院校医学检验专业实验教学系列教材》编写指导委员会

2012年元月

前　言

临床血液学检验是检验医学中发展较快的学科之一，通过各种实验室检查来分析和研究血液和造血器官的病理变化，从而协助阐明血液系统疾病的发生机制、诊断、治疗观察及预后判断的科学，属于医学检验重要的分支学科。随着医学科学的发展，先进的实验技术与方法已在临床血液学检验中得到广泛应用，使得临床血液学检验从细胞水平扩展到细胞-分子水平。

血液系统疾病及非血液系统疾病引起的血液学异常的诊断都需要临床血液学检验。血液系统疾病主要包括红细胞疾病、白细胞疾病、出血与血栓性疾病等几方面，其诊断、治疗及预防等均与临床血液学检验密切相关。新的实验诊断技术的应用为血液病的诊断与治疗提供更为科学、客观、全面的信息和依据。

本教材以培养医学检验实用性人才为目标，重点介绍了临床血液学检验的经典试验及其新的进展，具有很强的实用性。编写人员均为长期、专门从事血液学临床、教学及科研的中青年教师，他们在编写过程中查阅了大量的文献资料，力求内容新颖而实用，短小而精辟，从实验目的、实验原理、试剂与器材、操作步骤、结果判断、方法学评价、临床意义、注意事项等方面介绍相关实验，尤其是血细胞形态学检验部分，从检验与临床相结合的角度出发，病例真实生动，图文并茂，集教师们多年的临床经验和总结，涵盖了血液疾病常见的形态学特点，特别有助于学生把临床血液学检验与临床诊断相结合，不仅可供高等院校医学检验专业、卫生检验专业学生实验使用，也可作为从事临床检验工作和医学研究的技术人员的专业指导书，并可用作临床医学、医学影像学、麻醉学、法医学、预防医学以及药学专业的参考用书。

由于时间有限，加之经验不足，难免有疏漏之处，敬请各位同仁批评指正，以便再版时更正。谢谢！

曾小菁

2012年3月

目　　录

第二篇　血液学检验综合性和设计性实验

第一篇　临床血液学检验实验技术及验证性实验

第一章　骨髓细胞形态学检验的基本方法

骨髓细胞形态学检查是临床检验的基本项目之一，通过观察骨髓中造血细胞及外周血中血细胞形态和数量的变化、异常细胞和寄生虫的有无等，诊断或协助诊断血液系统疾病、评价疗效和预后。作为临床血液学检验的重要内容之一，骨髓细胞形态学检查是医学检验专业学生必须掌握的检验技术。

第一节　骨髓细胞形态学检验

实验一　骨髓涂片制备及染色技术

【实验目的】

（1）掌握瑞氏染色方法和注意事项。

（2）掌握瑞氏染液的原理。

（3）熟悉骨髓细胞涂片的制备方法。

【实验原理】

瑞氏染料由酸性伊红和碱性亚甲蓝组成，当其溶解于甲醇后能解离成为带负电的伊红和带正电的亚甲蓝离子。细胞核中核酸和蛋白质以及原始细胞的胞质等嗜碱性物质可与亚甲蓝起作用而被染成蓝色，胞质中的血红蛋白及嗜酸性颗粒等嗜酸性物质可与伊红起作用而被染成粉红色。中性颗粒为中性物质，可与伊红和亚甲蓝结合呈淡紫红色；各种血细胞由于其所含化学成分不同对染料的结合力不同，染色后可呈现不同的染色特点。

【实验器材】

1. 试剂

（1）瑞氏染液：1g 瑞氏粉（研磨成粉沫状）加入 500ml 甲醇液中，再加入甘油约 10ml，盖紧盖子，1 周内每天颠倒混匀数次，待瑞氏染料完全溶解后室温放置（半年后效果最佳），可保存数年。

（2）pH6.8 磷酸盐缓冲液：取 1% 无水磷酸二氢钾溶液 30ml 和 1% 无水磷酸氢二钠溶液 20ml，放入烧杯中加蒸馏水至 1000ml，用玻璃棒搅拌，待完全溶解后，放入试剂瓶中，盖紧盖子 4℃冰箱保存。

2. 器材 显微镜、洗耳球、玻璃棒、试剂瓶、载玻片。

【实验步骤】

1. 涂片制备

(1) 玻片的制备:选择干净的玻片,用纱布擦净后备用。

(2) 涂片方法:取适量血液或骨髓液置于玻片的一端,将推片放在血滴上,待血滴散开后进行推片,要求推片与载玻片呈30°~45°。

2. 瑞氏染色

(1) 标记:待骨髓片和血片自然干燥后,选择取材好(有骨髓小粒)和涂片好的骨髓片、血涂片各一张,用铅笔在血膜顶端标记病人的姓名和标本来源。

(2) 染色步骤:

将骨髓片和血涂片血膜面朝上放平

↓

滴加瑞氏染液数滴覆盖血膜30~60s

↓

按瑞氏染液和缓冲液的比例1∶1.5滴加缓冲液

↓

洗耳球吹混匀

↓

染色约20min

↓ 低倍镜下观察有核细胞核质界限清晰即可

蒸馏水轻冲洗

↓

自然干燥,镜检

【实验结果】

(1) 成熟红细胞染为橘红色。

(2) 淋巴细胞胞质为天蓝色。

(3) 原始阶段细胞染色质结构清晰。

【注意事项】

(1) 玻片必须洁净干燥,不能有水滴和杂质,需使用推玻片制片。

(2) 末梢血或骨髓液滴在载玻片后应立即进行涂片,否则会迅速凝固;髓或血滴不宜太大,且推片时应有一定的角度;片子太长或太厚都会影响观察。

(3) 涂片的速度应适中,速度过快,涂片会过厚;速度太慢,涂片则太薄。

(4) 选择骨髓标本外观有骨髓小粒、两边有空隙、长短适中、厚薄适宜做瑞氏染色最佳;做特殊染色标本关键要厚薄适宜,根据病情选择项目。如单纯性贫血时需做铁染色,慢性粒细胞白血病时需做中性粒细胞碱性磷酸酶染色,急性白血病时需做过氧化物酶染色、糖原染色、酯酶染色等。

(5) 染色时间受细胞多少和室温影响，如果细胞过多或室温过低要增加染色时间，反之则减少染色时间，最好在低倍镜下观察有核细胞核、浆界限清晰时再冲洗。

(6) 染色好标本背景应该干净，细胞结构清晰，成熟红细胞为橘红色或淡红色。

(7) 做特殊染色时，玻片最好先处理。

1) 无划痕新玻片用清洁液清洗，水洗净擦干。

2) 放入 50%的盐酸溶液中浸泡 24 小时取出，用蒸馏水反复洗涤，晾干。

3) 浸泡于 95%的乙醇溶液中 24 小时取出，用蒸馏水反复洗涤，晾干备用。

(8) 所用试剂均用分析纯。

(9) 与形态相关章节的实验方法均参照本实验流程执行。

【临床意义】

(1) 外周血细胞数量、成分异常时通过瑞氏染色能观察细胞形态并判断疾病的性质。

(2) 血液系统相关性疾病抽取骨髓液涂片后，用瑞氏染色可判断疾病性质。

【方法学评价】

(1) 瑞氏染色与瑞氏-姬姆萨染色相比较是最简便、最快捷的方法。

(2) 瑞氏染色能够清楚地观察细胞的微细结构，如原始粒细胞和原始淋巴细胞的区别，前者为细粒状，后为粗粒状。

【思考题】

(1) 瑞氏染色的步骤有哪些？

(2) 染色过程中应注意哪些事项？

实验二　骨髓红细胞系各期细胞形态观察

红细胞系是骨髓造血系统之一，该系统占正常骨髓的 20%～30%，划分时主要掌握细胞核染色质结构、胞质颜色。在病理情况下，红细胞系比值和形态会发生相应改变。

【实验目的】

(1) 掌握红细胞系形态总特征。

(2) 掌握正常红细胞系各阶段细胞形态。

(3) 掌握骨髓红细胞系与其他系细胞鉴别要点。

【实验器材】

正常骨髓涂片、显微镜。

【实验步骤】

(1) 取一张骨髓片置于显微镜载物台上。

(2) 选择厚薄适宜、分布均匀、成熟红细胞排列紧密但不重叠、细胞形态完整区域。

(3) 在油镜下辨认细胞并画图。

【实验内容】

1. 红细胞系细胞发育的形态总特征

(1) 胞体：原始红细胞到成熟红细胞由大到小，圆形或类圆形。

(2) 胞质:颜色改变。不透明深蓝色→灰蓝色→暗灰色或蓝绿色→粉红色,与血红蛋白(Hb)生成量有关。

胞质量由少到多。

胞质中无颗粒。

(3) 胞核:核形呈圆形,居中;成熟红细胞无核。

核染色质从串珠状→聚集→细块状→大块状。

核仁从有到无。

2. 红细胞系各阶段细胞形态特点 见图1-1和表1-1。

表1-1 红细胞系各阶段细胞形态学特点

形态学特征	原始红细胞	早幼红细胞	中幼红细胞	晚幼红细胞	成熟红细胞
细胞形态	圆形,多有瘤状突起	圆形,瘤状突起可见	圆形	圆形	类圆形
细胞质	环核一周	环核一周	环核一周	环核一周	
量	量少	量较多,近核有淡染区	量多	量多	
颜色	深蓝色,不透明	灰蓝色	多嗜性或嗜碱性(据Hb含量多少而变化)	淡红色微带蓝色	淡红色/淡橘红色
颗粒	无	无	无	无	无
细胞核					
核形	圆形、居中	圆形、居中,较原始红细胞小	圆形、居中	常居中,有时可偏位	无
核染色质	串珠状	有聚集	细块状	大块状	
核仁	清晰,1~2个	欠清晰,隐约可见	无	无	

3. 红细胞系与其他系细胞区别要点

(1) 幼稚红细胞副染色质明显,而淋巴细胞副染色质不明显;幼稚红细胞有Hb,呈多嗜性(图1-2)。

(2) 浆细胞核偏位,有时胞质可见少许嗜天青颗粒,有泡沫感;而幼稚红细胞核居中,胞质中无颗粒。

【注意事项】

(1) 骨髓片的选择:选择厚薄适宜、分布均匀、成熟红细胞排列紧密但不重叠、细胞形态完整。

(2) 辨认细胞时,应先全片观察标本染色,各系统细胞发育情况,并调节显微镜细螺旋看清细胞细微结构。

(3) 观察细胞包括:胞体大小、形态、胞质量、胞质着色、颗粒有无、核形、核染色质结构、核仁有无、核位置等。

(4) 介于两个阶段之间细胞划入下一阶段。

(5) 晚幼红脱核后呈橘红色微带蓝色,成熟红细胞染色好坏为判断染色的主要标准。

【临床意义】

(1) 正常骨髓中红细胞系占20%~30%,原始红细胞<1%,早幼红细胞<5%,中、晚幼红

细胞各占10%。

（2）在缺铁性贫血、巨幼细胞贫血时红细胞系增生可>30%，溶血性贫血时红细胞系增生旺盛。

（3）在骨髓增生异常综合征和红白血病时红细胞系增生多达50%以上并伴随形态改变。

【思考题】

（1）红细胞系细胞形态的主要特点有哪些？

（2）如何区别中幼红细胞和晚幼红细胞？

实验三　骨髓粒细胞系各期细胞形态观察

粒细胞系是骨髓造血系统之一，该系占正常骨髓的40%～60%，划分时要掌握细胞核染色质结构、核形变化、胞质中颗粒有无及性质。在病理情况下粒细胞系比值和形态会发生相应改变。

【实验目的】

（1）掌握骨髓粒细胞系各期细胞形态特点。

（2）熟悉粒细胞系与其他系细胞鉴别要点。

【实验器材】

正常骨髓涂片，显微镜。

【实验步骤】

（1）取一张大致正常骨髓片，置于显微镜载物台上。

（2）低倍镜找到体尾交界处或分布均匀的区域。

（3）在油镜下辨认细胞阶段并画图。

【实验内容】

1. 粒细胞系细胞发育的形态总特征（从原始到成熟阶段）

（1）胞体：由大到小，但早幼粒较原始粒细胞胞体大。

（2）胞质：量由少到多。

水彩蓝→蓝色→红色。

胞质中颗粒由无颗粒→非特异性颗粒出现→特异性颗粒出现。

特异性颗粒分三种：中性颗粒、嗜酸性颗粒、嗜碱性颗粒。

中性颗粒：粒细胞系细胞胞质中充满大小均匀，分布一致，染淡红色颗粒。

嗜酸性颗粒：粒细胞系细胞胞质中充满大小均匀，分布一致，有折光感，犹如剥开石榴，呈橘黄色颗粒。

嗜碱性颗粒：粒细胞系细胞胞质中和（或）核上有多少不一，大小不等，呈黑色颗粒。嗜碱粒细胞由于胞体较小，颗粒常分布在胞核上，不易划分阶段。

（3）胞核：核形变化从圆形→椭圆形→一侧扁平→凹陷或肾形→杆状→分叶。

核染色质由细砂状→粗颗粒状→块状。

核仁从有到无。

2. 粒细胞系各阶段细胞形态学特点 见图 1-3 和表 1-2。

表 1-2 粒细胞系各阶段细胞形态学特点

形态学特征	原始粒细胞	早幼粒细胞	中幼粒细胞	晚幼粒细胞	中性杆状核粒细胞	中性分叶核粒细胞
细胞形态	圆形或类圆形	圆形或类圆形胞体较原始大	圆形或类圆形	圆形或类圆形	圆形或类圆形	圆形或类圆形
细胞质						
量	较少	增多	多	多	多	多
颜色	水彩蓝色或边缘较深蓝色	蓝色,近核区淡染	淡红色或淡蓝色	淡红色	淡红色	淡红色
颗粒	常无或少量 A 颗粒	较多 A 颗粒	充满 S 颗粒,过渡阶段有少量 A 颗粒	充满 S 颗粒	充满 S 颗粒	充满 S 颗粒
细胞核						
核形	圆形	圆形	椭圆形,一侧扁平	肾形	杆状、带状	分叶 2~5 叶
核染色质	细砂状	稍粗	小块状	块状	粗块状	粗块状
核仁	清晰,2~5 个	可见	无	无	无	无

注:“A”颗粒为非特异性颗粒;“S”颗粒为特异性颗粒(中性、嗜酸性、嗜碱性颗粒)。

3. 粒细胞系与其他系细胞区别要点

(1) 原始粒细胞和早幼粒细胞鉴别要点(表 1-3)。

表 1-3 原始粒细胞和早幼粒细胞鉴别要点

鉴别要点	原始粒细胞	早幼粒细胞
细胞形态	圆形	圆形,胞体较原始粒细胞大
细胞质	量少,部分见少量 A 颗粒	量多,有大量 A 颗粒
核染色质	细砂状	稍粗,局部有聚集

(2) 中、晚幼稚粒细胞与单核细胞比较,前者胞质颗粒呈淡红色,后者胞质呈灰红色,有细小的紫红色颗粒(图 1-4)。

(3) 粒细胞系和红细胞系最主要的鉴别要点是粒细胞系细胞质有颗粒;红细胞系细胞质无颗粒,核为圆形。

【注意事项】

(1) 各阶段粒细胞划分主要根据:细胞核染色质结构、胞质颗粒性质和核形变化。

(2) 较成熟原始粒细胞和早幼粒细胞的区别要点是胞质中的嗜天青颗粒多少,如果胞质中出现较多的嗜天青颗粒即为早幼粒细胞,如果少量嗜天青颗粒为原始粒细胞。

(3) 注意嗜碱粒细胞与组织嗜碱细胞鉴别,后者胞体呈梭形或不规则形,颗粒较粗大并充满胞质中,甚至覆盖于核上。

(4) 粒细胞系中幼以下阶段细胞的划分以核形变化为准;中幼粒细胞与晚幼粒细胞之间的区别主要是后者核有凹陷;晚幼粒细胞与杆状核粒细胞的划分标准为核的凹陷程度与假设核直径之比,若该比值小于 1/2 为晚幼粒细胞,大于 1/2 为杆状核粒细胞;杆状核粒细胞与分叶核粒细胞划分标准是核最窄处与核最宽处的比例,如果在 1/3 以下为分叶核。

【临床意义】

（1）骨髓中粒细胞系所占比例最高，为40%～60%。正常骨髓中原始粒细胞<2%，早幼粒细胞<5%，中性中幼粒细胞约占8%，中性晚幼粒细胞约占10%，杆状核粒细胞约占20%，中性分叶核粒细胞约占12%，嗜酸粒细胞<5%，嗜碱粒细胞<1%。中性杆状核粒细胞>分叶核粒细胞。

（2）急性髓系白血病M1型、M2型、M3型、M4型、M6型时，原始细胞、早幼粒细胞异常增生，并伴形态异常；慢性髓系白血病骨髓粒细胞系异常增生，以中性中、晚幼稚粒细胞及中性杆状核粒细胞为主。

（3）MDS和白血病时粒细胞系有病态造血表现（具体参见MDS）。

【思考题】

（1）怎样区别三种特异性颗粒？

（2）如何划分中幼以下阶段细胞？

实验四　骨髓淋巴细胞系和浆细胞系各期细胞的形态观察

淋巴细胞系正常成人约占骨髓的20%，成人骨髓中为成熟淋巴细胞。各阶段的区分要点在于染色质结构和核仁有无；浆细胞系在正常骨髓中所占比例很小<1%，为成熟浆细胞。该细胞系的特点为胞质泡沫状，胞核偏位，各阶段细胞的鉴别要点是核染色质结构和核仁有无。急性淋巴细胞白血病骨髓原始和幼稚淋巴细胞异常增生；多发性骨髓瘤和浆细胞白血病时原始和幼稚浆细胞异常增生。

【实验目的】

（1）掌握骨髓淋巴细胞系和浆细胞系总特征，并与其他系细胞鉴别要点。

（2）掌握骨髓淋巴细胞系和浆细胞系各期细胞形态特点。

【实验器材】

（1）正常骨髓片、血片。

（2）急性淋巴细胞白血病初诊骨髓片。

（3）多发性骨髓瘤初诊骨髓片。

【实验步骤】

（1）取一张骨髓片或血片置于显微镜载物台上。

（2）通过低倍镜找到细胞分布均匀的区域。

（3）在油镜下辨认细胞阶段并画图。

【实验内容】

1. 淋巴细胞系细胞发育的形态总特征（从原始到成熟阶段）

（1）胞体：小。

（2）胞质：量少。

为透明天蓝色。

小淋巴细胞多无颗粒，大淋巴细胞有少许非特异性颗粒。

（3）胞核：核形呈圆形，可见凹陷、折叠及切迹。

核染色质由颗粒状→粗粒状→块状。

核仁从有→无。

2. 淋巴细胞系各期细胞形态特点　见图 1-5 和表 1-4。

表 1-4　淋巴细胞系各期细胞形态特点

形态学特征	原始淋巴细胞	幼稚淋巴细胞	成熟淋巴细胞	
			大淋巴细胞(直径>12μm)	小淋巴细胞(直径<9μm)
细胞形态	圆形或类圆形	圆形或类圆形	圆形或类圆形	圆形或类圆形
细胞质				
量	少	少	较多	极少
颜色	透明天蓝色	透明天蓝色	透明天蓝色	透明天蓝色
颗粒	无	可有少许 A 颗粒	有时有粗大 A 颗粒	无
细胞核				
核形	圆形或类圆形	圆形或类圆形	圆形或类圆形	圆形或类圆形
核染色质	粒状	粗颗粒状,见聚集	块状	块状,致密
核仁	清晰,1~2 个	隐约可见	无	无
核膜	清晰	清晰	清晰	清晰

3. 淋巴细胞系与红细胞系区别要点　淋巴细胞副染色质不明显,幼稚红细胞副染色质明显;幼稚红细胞胞质呈多嗜性,淋巴细胞胞质呈天蓝色。

4. 浆细胞系细胞发育的形态总特征(从原始到成熟阶段)

(1) 胞体:中等。

(2) 胞质:量丰富。

为灰红色或灰蓝色,有泡沫感和核周淡染区。

无颗粒。

(3) 胞核:核形为圆形,偏位。

核染色质由细致→粗粒→块状(龟背状)。

核仁大,从有到无。

5. 浆细胞系各期细胞形态特点　见图 1-6 和表 1-5。

表 1-5　浆细胞系各期细胞形态特点

形态学特征	原始浆细胞	幼稚浆细胞	成熟浆细胞
细胞形态	椭圆形或类圆形	椭圆形或类圆形	椭圆形或类圆形
细胞质	泡沫感	泡沫感	泡沫感
量	中等	较多	丰富
颜色	深蓝色,不透明	深蓝色,不透明	深蓝色,不透明
颗粒	无	偶有少许 A 颗粒	
细胞核			
核形	圆形或椭圆形,居中或偏位	圆形或椭圆形,偏位	圆形或椭圆形,偏位
核染色质	细致	粗颗粒状,局部可见聚集	块状(龟背状)
核仁	大而清晰,2~5 个	模糊或无	无

6. 浆细胞系与红细胞系区别要点　浆细胞核偏位，有时胞质可见少许嗜天青颗粒，有泡沫感；而红细胞系细胞核居中，胞质无颗粒。浆细胞与中幼红细胞区别要点见表 1-6。

表 1-6　浆细胞与中幼红细胞区别要点

鉴别要点	浆细胞	中幼红细胞
细胞形态	类圆形	圆形
细胞质	灰蓝色，泡沫状，常有火焰区有时可见紫红色颗粒	多嗜性或嗜碱性，无颗粒
细胞核	圆形，偏位，大块状染色质	圆形，居中，碎块状染色质

【注意事项】

（1）淋巴细胞系各阶段细胞划分根据染色质结构及核仁，如果有核仁、染色质细致为原始淋巴细胞，核仁隐约染色质粗粒状为幼稚淋巴细胞，染色质聚集无核仁为成熟淋巴细胞。

（2）淋巴细胞系主要特点是胞质为透明天蓝色，常为染色好坏标准。

【临床意义】

（1）正常成人骨髓片中为成熟淋巴细胞，幼稚淋巴细胞偶见，原始淋巴细胞罕见；小儿（<13 岁）骨髓中原始、幼稚淋巴细胞可见。

（2）急性淋巴细胞白血病原始和幼稚淋巴细胞异常增生，慢性淋巴细胞白血病成熟淋巴细胞增生。

（3）正常骨髓片中成熟浆细胞偶见，在多发性骨髓瘤或浆细胞白血病时原始、幼稚和浆细胞增多；反应性浆细胞增多症时成熟浆细胞比例增加。

【思考题】

（1）如何区分原始淋巴细胞、幼稚淋巴细胞和成熟淋巴细胞？

（2）阐述淋巴细胞和中、晚幼红细胞区别要点。

实验五　骨髓单核细胞系各期细胞形态观察

单核细胞系在正常骨髓中所占比例很小（<4%），为成熟单核细胞。单核细胞系特点：胞核易见扭曲、折叠、胞质为灰蓝色、嗜天青颗粒细小；各阶段单核细胞的区分要点在于染色质结构、核仁有无及胞质中颗粒的量。在急性髓细胞白血病 M4 型、M5 型和 MDS 时，原始和幼稚单核细胞异常增生。

【实验目的】

（1）掌握单核细胞系各阶段细胞形态特点。

（2）掌握单核细胞系与其他系细胞鉴别要点。

【实验器材】

急性单核细胞白血病骨髓片、血片。

【实验步骤】

（1）取一张骨髓片或血片置于显微镜载物台上。

（2）低倍镜找到分布均匀的区域。

（3）在油镜下辨认细胞阶段并画图。

【实验内容】

1. 单核细胞系细胞发育的形态总特征

(1) 胞体:圆形或不规则形。

(2) 胞质:量丰富。

为灰蓝色,毛玻璃状。

有细小嗜天青颗粒。

(3) 胞核:核形呈圆形或不规则形。

核染色质由细网状→粗网状→条索状。

核仁大而凹陷,从有到无。

2. 单核细胞系各期细胞形态特点 见图 1-7 和表 1-7。

表 1-7 单核细胞系各阶段细胞形态特点

形态学特征	原始单核细胞	幼稚单核细胞	成熟单核细胞
细胞形态	圆形或不规则形	类圆形或不规则形	类圆形或不规则形
细胞质			
量	较多	多	丰富
颜色	灰蓝色,不透明	灰蓝色,不透明	灰蓝色或约带红色,不透明
颗粒	无	可见少许细小 A 颗粒	见灰尘样 A 颗粒
细胞核			
核形	圆形或不规则形	不规则,易见扭曲、折叠	不规则,呈马蹄形或 U 形
核染色质	细网状	细索状	条索状
核仁	大而清晰,1~3 个	模糊或无	无

3. 单核细胞与中性粒细胞区别要点 见表 1-8。

表 1-8 单核细胞与中性粒细胞区别要点

鉴别要点	单核细胞	中性粒细胞(中幼、晚幼、杆状、分叶)
细胞形态	类圆形或不规则形	圆形或类圆形
细胞质	灰蓝色,含灰尘样颗粒	浅紫红色,含大小一致细小中性颗粒
细胞核	不规则形,染色质为条索状	圆形、凹陷、杆状、分叶状核形
		染色质块状或大块状

4. 原始单核细胞、原始粒细胞及原始淋巴细胞的区别 见表 1-9。

表 1-9 原始单核细胞、原始粒细胞及原始淋巴细胞的区别

鉴别要点	原始单核细胞	原始粒细胞	原始淋巴细胞
细胞形态	圆形或不规则形	圆形或类圆形	圆形或类圆形
细胞质	量丰富,灰蓝色,不透明,可见细小 A 颗粒	量中等,蓝色,部分可见少量 A 颗粒	量少,透明天蓝色,偶见少量粗大 A 颗粒
细胞核	圆形或不规则形,核染色质	圆形或类圆形,核染色质	圆形或类圆形,核染色质
	呈细网状,核仁大,1~3 个	呈细砂状,核仁小,2~5 个	呈细颗粒状,核仁,1~2 个,核膜清晰

【注意事项】

（1）单核细胞的识别，应根据胞核形状、胞质颜色及颗粒大小等标准来鉴别。

（2）在识别单核细胞困难时可用周围中性粒细胞来作参照。

【临床意义】

（1）正常骨髓片中成熟单核细胞少（<4%），均为成熟单核细胞。

（2）急性髓细胞白血病 M4 型和 M5 型原始单核细胞和幼稚单核细胞增多，慢性粒单核细胞白血病时单核细胞增多。

【思考题】

（1）如何区分原始单核细胞、幼稚单核细胞和成熟单核细胞区分？

（2）单核细胞与中、晚幼粒细胞区别要点有哪些？

实验六　骨髓巨核细胞系各期细胞形态观察

巨核细胞系在正常人骨髓中为 7～35 个/1.5cm×3.0cm，该系是骨髓中六大系统中细胞胞体最大的系统，其胞质丰富，各阶段的区分要点为胞体大小、胞质量、有无 A 颗粒、核染色质和核仁。血小板减少性紫癜时巨核细胞增生。

【实验目的】

（1）掌握巨核细胞系各阶段细胞的形态特点。

（2）掌握各阶段巨核细胞的划分标准。

【实验器材】

正常骨髓涂片，显微镜。

【实验步骤】

（1）取一张骨髓片置于显微镜载物台上。

（2）在低倍镜下找到巨核细胞，并用油镜鉴别发育阶段。

（3）在油镜下辨认细胞阶段并画图。

【实验内容】

1. 巨核细胞系细胞发育的形态总特征

（1）胞体：大（直径 15～70μm），类圆形或不规则形，从原始到成熟胞体逐渐增大。

（2）胞质：量由少→多。

颜色由不均匀深蓝色→红色，原幼阶段胞质不均匀，呈云雾感，易见伪足。

颗粒呈颗粒型巨核细胞胞质中 A 颗粒为大小一致的红色细小颗粒；产板型巨核细胞胞质中和（或）胞质边缘有血小板形成。

（3）胞核：核形呈圆形或不规则形。

核染色质由细致→粗糙。

核仁大，从有到无。

2. 巨核细胞系各期细胞形态特点　见图 1-8 和表 1-10。

3. 巨核细胞系统与其他细胞系统细胞区别要点

（1）胞体大，随细胞发育逐渐增大，是六大系统中细胞胞体最大的一个系统。

表 1-10　巨核细胞系各期细胞形态特点

形态学特征	原始巨核细胞	幼稚巨核细胞	颗粒型巨核细胞	产板型巨核细胞	裸核型巨核细胞	血小板
细胞形态	圆形或不规则形,可见伪足	不规则形,可见伪足	不规则形	不规则形,边缘不整齐	不规则	圆形,椭圆形或星形
细胞质						
量	少	多	丰富	丰富	无	
颜色	深蓝色,不透明	蓝色,核周淡红色	淡红色或淡蓝色	淡红色	无	
颗粒		近核处有紫红色颗粒	充满紫红色颗粒	颗粒丰富,边缘有血小板	无	淡紫红色细小颗粒
细胞核						
核形	圆形或不规则形,双核	不规则形、分叶或分叶形	不规则形或分叶状	不规则形或分叶状	不规则形或分叶状	无
核染色质	粒状,不均匀	粗颗粒、小块状	粗糙块状	粗糙块状	团块状	无
核仁	可见 2~3 个	隐约可见	无	无	无	无

(2) 胞质量随细胞发育成熟逐渐增多,颜色由深蓝色变为淡红色。

(3) 胞核大,呈不规则形。

【注意事项】

(1) 与其他系统发育不同,巨核细胞胞体由小到大,原始和幼稚巨核细胞胞体较成熟阶段巨核细胞小,低倍镜观察时,若标本涂片厚时易漏计,其特点为胞质有伪足,呈云雾状。

(2) 颗粒型巨核细胞和产板型巨核细胞的区别要点:胞质边缘不整齐、血小板产生为产板型巨核细胞,胞质边缘整齐为颗粒型巨核细胞。

【临床意义】

(1) 正常骨髓片中全片巨核细胞数为 7~35 个巨核细胞/1.5cm×3.0cm,但涂片厚的标本,会影响巨核细胞计数。

(2) 在免疫性血小板减少性紫癜的病人骨髓片中,巨核细胞增生,以颗粒型巨核细胞为主,产板型巨核细胞明显减少,并伴有成熟障碍表现。

【思考题】

(1) 如何区分颗粒型巨核细胞和产板型巨核细胞?

(2) 与其他系细胞相比较,巨核细胞系有哪些主要形态学特点?

实验七　骨髓其他细胞形态观察

除了六大系统细胞外,骨髓中还有其他的一些细胞,这些细胞的识别应抓住每一个细胞最重要的特点。

【实验目的】

(1) 掌握骨髓其他细胞的形态特征。

(2) 掌握易混淆细胞之间的鉴别要点。

【实验器材】

(1) 再生障碍性贫血骨髓片。

（2）组织细胞增多骨髓片。

（3）噬血细胞综合征骨髓片。

【实验步骤】

（1）取一张骨髓片置于显微镜载物台上。

（2）低倍镜找到分布均匀的区域。

（3）在油镜下辨认细胞并画图。

【实验内容】

骨髓常见其他细胞的形态学特点见图 1-9 和表 1-11。

表 1-11　骨髓中常见其他细胞的形态学特点

鉴别要点	组织嗜碱细胞	成骨细胞	破骨细胞	脂肪细胞	组织细胞	吞噬细胞
细胞形态	梭形、蝌蚪形或椭圆形	长椭圆形或不规则形	不规则形	圆形或椭圆形	不规则形	不规则形
细胞质						
量	较丰富	丰富	极丰富	不定	较丰富	不定
颜色	不清楚，被颗粒覆盖	深蓝或蓝色	淡蓝或灰红色	淡红色	淡红色或淡蓝色	淡蓝色，灰蓝色
颗粒	充满圆形、均匀紫蓝色颗粒	偶有少许紫红色颗粒	大量细小紫红色颗粒	无	无颗粒，部分可见少许紫红色颗粒	蓝色或紫红色颗粒，有时见吞噬物
细胞核						
核形	1 个，圆形，居中或偏位	1 个，圆形或椭圆形，偏位	1~100 个圆形或椭圆形核	1 个，不规则形	1 个，圆形或椭圆形	圆形或不规则形
核染色质	块状，常被颗粒遮盖，结构不清	粗网状	粗网状	粗网状	网状	疏松网状
核仁	无	1~3 个，蓝色	1~2 个，淡蓝色	无	有或无	有或无

【注意事项】

（1）其他细胞在正常骨髓中很少见，但可通过全片观察找到。

（2）成骨细胞和破骨细胞两个细胞的鉴别要点前者胞核为 1 个，常常 3~5 个细胞成堆分布；后者胞核为 1~100 个多核，细胞单个散在分布。

（3）注意破骨细胞与巨核细胞的鉴别要点，避免将破骨细胞误认为巨核细胞影响疾病的诊断。

【临床意义】

（1）正常骨髓中组织细胞、成骨细胞、吞噬细胞、破骨细胞及脂肪细胞偶见，组织嗜碱细胞少见。

（2）再生障碍性贫血时组织嗜碱细胞、脂肪细胞增多；恶性组织细胞病时组织细胞异常增生；噬血细胞综合征时吞噬细胞增多，部分吞噬细胞吞噬成熟红细胞、血小板及幼稚红细胞。

【思考题】

（1）如何区别成骨细胞和破骨细胞？

(2) 怎样鉴别组织嗜碱细胞和嗜碱粒细胞?

(刘咏梅)

实验八 骨髓活检的临床应用

【实验目的】

了解正常骨髓的组织学特点。

【实验器材】

1. 试剂 重铬酸钾、升汞、硝酸、甲醛、乙醇、丙酮、乙醚、苏木素、Giemsa、伊红等。

2. 器材 正常骨髓组织活检片,再生障碍性贫血、骨髓纤维骨髓活检病理片,光学显微镜等。

【实验步骤】

(1) 于 PCF 混合固定液中固定 2~3 小时。

(2) 2%硝酸液脱钙 2. 5 小时。

(3) 分别于 80%、90%、95%、100%乙醇中梯度脱水(各 60min),丙酮 15min。

(4) 浸透(HEMA 中的甲液放于 4℃冰箱中保存过夜)。

(5) 包埋聚合。

(6) 切片、捞片、烤片。

(7) 染色(H-Giemsa-E 染色)。

【实验内容】

骨髓活检组织学(示教)

1. 骨髓增生程度 骨髓增生程度是指造血组织(包括造血和非造血细胞)面积占造血组织与脂肪面积之和的比例。一般采用骨髓增生程度五级分法,与骨髓穿刺涂片的增生程度分级一致。

五级分法如下(图 1-10):

(1) 骨髓增生极度低下:造血组织面积<20%。

(2) 骨髓增生较低下:20% ≤造血组织面积<40%。

(3) 骨髓增生正常:41% ≤造血组织面积<60%。

(4) 骨髓增生较活跃:61% ≤造血组织面积<80%。

(5) 骨髓增生极度活跃:造血组织面积≥81%。

2. 正常骨髓组织结构 骨髓组织由三部分组成(图 1-11)。

(1) 造血组织:由造血细胞和非造血细胞构成。造血细胞包括粒系、单核系、红系、巨核系细胞。非造血细胞包括淋巴细胞、浆细胞、肥大细胞、组织细胞、树突细胞(包括朗格罕斯细胞、交指状树突细胞、浆细胞样树突状细胞和滤泡状树突细胞)。

(2) 间质:脂肪、血管、网状细胞、纤维母细胞。

(3) 骨组织:皮质骨、骨小梁、成骨细胞、破骨细胞。

3. 再生障碍性贫血(aplastic anemia,AA) 骨髓增生极度低下,多数骨小梁之间很空,间质高度水肿,血窦扩张,空虚,脂肪细胞增生显著,造血细胞几乎消失,偶见散在少数形态正常的中晚幼阶段粒系、红系细胞及淋巴细胞、浆细胞等非造血细胞,可见淋巴细胞聚集成小灶状，巨核细胞显著减少或缺乏（平均每张切片不超过3个），间质及巨噬细胞胞质内常见较多含铁血黄素沉着（图1-12）。

4. 骨髓纤维化（myelofibrosis，MF）　骨髓小梁增宽、密集，小梁间区域狭窄或呈编织样骨及新生骨样组织，新生的骨样组织沿成熟板状骨小梁表面扩展，无钙盐沉积，无板层结构，呈均匀粉红色，骨髓纤维组织增生程度多呈细胞期或胶原形成期的形态改变（图1-13）。

【注意事项】

（1）观察切片时，一定要选择细胞分布均匀、染色较好的部位进行观察。

（2）观察骨髓增生程度时应全片观察，不能以某一视野为准。

（3）正常情况下，原始及幼稚阶段细胞位于骨小梁旁，当原始及幼稚阶段细胞成簇（3~5个）或丛状（>5个）远离骨小梁（≥3个具有意义），多见于骨髓增生异常综合征（MDS）。单圆核巨核细胞、微小巨核细胞以及多圆核巨核细胞对MDS诊断具有提示意义。

（4）观察切片时一定要结合骨髓涂片一同观察。

【病例资料】

病史：患者，女性，18岁，因头晕、乏力3个月，间歇性发热20天入院。患者入院前3个月无明显诱因自觉头晕、乏力，面色苍黄。20天前开始反复畏寒、发热，体温波动于38~41℃。

查体：贫血貌，皮肤黏膜未见瘀点瘀斑，浅表淋巴结未扪及肿大，胸骨无压痛，心肺无特殊，肝肋下未触及，脾肋下二指，质中无压痛。

血常规：Hb 51g/L，WBC 2.6G/L，N 34%，L 54%，幼稚细胞10%，PLT 100G/L。多次骨髓穿刺提示干抽。

临床诊断：脾大原因？

【实验报告】

（1）结合患者资料及骨髓组织切片特点撰写骨髓活检报告单。

（2）本次实验体会及讨论。

【思考题】

骨髓活检有何临床意义？

（杨　芳）

第二节　血细胞化学染色检查

细胞化学染色是细胞学和化学相结合的一门学科，它是以细胞形态学为基础，运用化学反应的原理显示血细胞内蛋白质、糖类、脂类、酶、无机盐等化学性质，对其进行定性、定位、半定量分析。它有助于各类贫血及急性白血病类型的确诊、协助疾病的诊断和鉴别诊断，对各种良、恶性血液疾病的疗效观察和判断预后有一定的参考价值。

实验九　过氧化物酶染色

【实验目的】

（1）掌握过氧化物酶染色的实验步骤、结果分析及临床意义。

（2）熟悉过氧化物酶染色的原理及注意事项。

【实验原理】

粒系细胞及分化较好的单核系细胞胞质内颗粒中存在过氧化物酶（peroxidase，POX），POX 能分解 H_2O_2 释放出新生氧，使四甲基联苯胺（tetramethylbenzidine，TMB）氧化成联苯胺蓝。四甲基联苯胺蓝又可与亚硝基铁氰化钠结合，再进一步氧化形成稳定的蓝色颗粒，定位于细胞质酶所在部位。

$$H_2O_2 \xrightarrow{POX} H_2O + [O]$$

$$\downarrow$$

四甲基联苯胺⟶四甲基联苯胺蓝（蓝色沉淀）

【实验器材】

1. 试剂

（1）0.1%四甲基联苯胺（TMB）乙醇染液（过氧化物酶第一液）：四甲基联苯胺 0.1g 加入 88%乙醇溶液 100ml 中，再加入 36%亚硝基铁氰化钠溶液 10μl，混匀。此染液在棕色瓶内 4℃冰箱保存。

（2）稀过氧化氢溶液（过氧化物酶第二液）：30%过氧化氢（H_2O_2）溶液 1 滴，加 20ml 蒸馏水（新鲜配制）。

（3）瑞氏染液：瑞氏染料 1g 放置乳钵内，用 500ml 甲醇（AR 级以上）溶解，待染料完全溶解后倒入洁净的玻璃瓶内，加入中性甘油 30ml，室温或 37℃密封，保存 1 周即可使用。只要密封保存，染液储存越久，染色效果越好。

（4）pH 6.4～6.8 磷酸盐缓冲液配制：无水 KH_2PO_4 0.3g，无水 Na_2HPO_4 0.2g，用蒸馏水溶解，加水至 1000ml。

2. 器材　新鲜涂片（骨髓片或血片）、染色架、吸球、光学显微镜等。

【实验步骤】

（1）将做好标记的骨髓片（血涂片）血膜面朝上放平。

（2）加过氧化物酶第一液数滴（根据片上细胞的多少定滴数）染色 1min。

（3）滴加过氧化物酶第二液（稀过氧化氢溶液），过氧化物酶第一液和第二液的比例约 2∶1。

（4）用洗耳球吹匀染液，染色约 7min，根据片上细胞的多少适当延长或缩短时间，自来水冲洗，晾干。

（5）瑞氏染液复染，复染时先加缓冲液后加瑞氏液，一般染色 20～30min，在低倍镜下观察有核细胞核质界限清晰后即可。

（6）自来水冲洗，晾干，镜检。

【实验结果】

1. 结果判断

（1）过氧化物酶（POX）染色结果。

阳性：细胞质内出现蓝绿色颗粒。

阴性：细胞质内无蓝绿色颗粒。

（2）过氧化物酶反应程度判断（图 1-14）。

阴性：胞质中无颗粒。

弱阳性：胞质中颗粒小，分布稀疏。

阳性：胞质中颗粒粗，分布较密集。

强阳性：胞质内颗粒粗大，密布整个胞质中。

2. 正常血细胞染色反应

（1）粒细胞系统：分化差的原始粒细胞为阴性，分化好的原始粒细胞至中性成熟粒细胞均呈阳性；且随着粒系细胞成熟的程度而逐渐增强，中性分叶核粒细胞为强阳性。嗜酸粒细胞阳性程度最强；嗜碱粒细胞为阴性。

（2）单核细胞系统：原始单核细胞为阴性反应，幼稚单核细胞和成熟单核细胞呈阴性或弱阳性反应，颗粒细小，弥散分布。

（3）其他细胞：淋巴细胞系、浆细胞系、红细胞系、巨核细胞系的细胞均呈阴性反应。

【注意事项】

（1）标本应是未使用抗凝剂的新鲜标本，且未受其他化学物的污染。酶活性随标本存放时间延长而降低。

（2）试剂配制时用85%～88%的乙醇溶液染色效果较好，勿用90%～95%乙醇溶液，否则细胞表面蛋白质很快凝固，妨碍试剂向胞内渗入而导致染色效果差。

（3）H_2O_2需新鲜配制，其浓度与加量不能随意更改。涂片如果中粒细胞看不见阳性颗粒，红细胞呈棕色或绿色，即表示H_2O_2过浓。若H_2O_2加于血片上不产生气泡，表示H_2O_2无效。

（4）对染液pH要求较高，如pH<5会导致假阳性结果；过氧化氢溶液的最适浓度为0.05mol/L左右，浓度过高会抑制MPO活性，过低也会降低反应性甚至出现假阴性反应，故在配制中或使用较久的过氧化氢溶液应根据实际染色的反应予以调整；在染色及复染中，应根据细胞的多少确定时间。

（5）染色时加稀过氧化氢溶液之后必须与染色液充分混匀，否则同一片子上细胞染色情况不一致。

（6）观察白血病细胞POX染色结果时，以正常粒系细胞的阳性反应来判断染色是否成功。

【临床意义】

主要用于鉴别急性白血病类型。

（1）急性髓细胞白血病多呈阳性反应，AML-M1呈阳性（以阴性为主）；AML-M2呈阳性；AML-M3呈强阳性和阳性；AML-M4和AML-M5呈弱阳性和阳性；AML-M6呈阴性；AML-M7呈阴性；AML-M0呈阴性。

（2）急性淋巴细胞白血病呈POX阴性反应或原始细胞阳性率<3%（可能是残留的原始粒细胞或早幼粒细胞），故为急性髓细胞白血病和淋巴细胞白血病鉴别的重要指标。

（3）成熟中性粒细胞过氧化物酶活性的变化。

1）活性增高：可见于再生障碍性贫血、感染（化脓性）、急性淋巴细胞白血病、慢性淋巴细胞白血病。

2）活性减低：可见于急性粒细胞白血病、慢性粒细胞白血病、急性单核细胞白血病等。

（4）诊断遗传性过氧化物酶缺乏症。

【方法学评价】

四甲基联苯胺法操作简单，方法敏感、反应产物定位清晰、染色效果较好，且试剂没有致癌作用。

【思考题】

(1) 过氧化物酶染色结果判断标准是什么?

(2) 过氧化物酶染色在诊断急性白血病分型中有何意义?

实验十 酯 酶 染 色

根据作用液的 pH 和底物的不同将常用的酯酶染色法分为两类:酯酶染色分特异性酯酶(如氯乙酸 AS-D 萘酚酯酶)和非特异性酯酶染色(如 α-乙酸萘酚酯酶染色)两类。

【实验目的】

(1) 掌握酯酶染色的实验步骤、结果分析及临床意义。

(2) 熟悉酯酶染色的原理及注意事项。

一、氯乙酸 AS-D 萘酚酯酶

【实验原理】

血细胞内的氯乙酸 AS-D 萘酚酯酶(naphythol AS-D chloroacetate esterase,NAS-DCE)将基质液中的氯乙酸 AS-D 萘酚水解,产生 AS-D 萘酚,进而与基质液中的坚牢蓝 GBC 偶联,形成不溶性红色沉淀,定位于胞质内,属于特异性酯酶染色。

$$\text{氯乙酸 AS-D 萘酚} \xrightarrow{\text{AS-D NCE}} \text{AS-D 奈酚} \xrightarrow{\text{重氮盐}} \text{有色沉淀}\downarrow$$

【实验器材】

1. 试剂

(1) 10%甲醛甲醇固定液:甲醛 25ml;甲醇 75ml,混合后置 4℃冰箱保存。

(2) Veronal 乙酸缓冲液表 1-12。

表 1-12 Veronal 乙酸缓冲液

甲液		乙液	
乙酸钠(含 $3H_2O$)	1.94g	氯乙酸 AS-D 萘酚	100mg
巴比妥钠	2.94g	丙酮	0.5ml
蒸馏水	100ml	蒸馏水	5ml
		Veronal 乙酸缓冲液	5ml
		坚牢蓝 GBC	10mg

(3) 苏木素染液:1g 苏木素溶于 1000ml 热蒸馏水中,加入 50g 硫酸铝钾和 0. 2g 碘酸钠搅至全溶,再加 50g 水合氯醛和 1g 枸橼酸,加热至沸腾 5min,冷却后过滤,次日可用。

2. 器材 新鲜涂片(骨髓片或血片)、染色架、洗耳球、光学显微镜等。

【实验步骤】

(1) 将做好标记的骨髓片(血涂片)膜面朝上放平。

(2) 滴加固定液数滴,固定 30s 至 1min,蒸馏水冲洗,待干。

(3) 放入基质液(37℃)30min,蒸馏水冲洗,待干。

（4）苏木素复染液 5min。

（5）自来水冲洗，晾干，镜检。

【实验结果】

1. 结果判断（图 1-15）

阳性：细胞胞质内出现红色沉淀。

阴性：细胞胞质内无红色沉淀。

2. 正常血细胞染色反应

（1）粒细胞系统：分化差的原粒细胞呈阴性反应，分化好的原始粒细胞呈阳性反应，自早幼粒细胞至成熟中性粒细胞均为阳性反应，但酶活性不随细胞的成熟而增强。嗜酸粒细胞为阴性反应或弱阳性反应，嗜碱粒细胞为阳性反应。

（2）单核细胞为阴性反应，个别可呈弱阳性反应。

（3）淋巴细胞、浆细胞、幼红细胞和血小板均呈阴性反应。

【注意事项】

（1）氯乙酸 AS-D 萘酚酯酶虽为粒系细胞特异性酯酶，但粒系早期细胞该酶反应不如 MPO 敏感，因此 AML-M1 的典型细胞化学反应常为 MPO 阳性，NAS 阴性。

（2）严格遵守操作规程，如温度和 pH 过高可导致氯乙酸萘酚分解，从而在细胞内产生非特异性酯酶反应。

（3）底物液配制后要及时使用，以免失效或反应强度减弱。

（4）底物液配制后可能会出现混浊，但不影响染色效果。

【临床意义】

急性髓性白血病可呈阳性、阴性反应。

（1）AML-M1 呈阳性（以阴性为主）、AML-M2 呈阳性、AML-M3 呈强阳性和阳性、AML-M4 呈阳性。

（2）AML-M5 呈阴性、AML-M6 呈阴性、AML-M7 呈阴性、AML-M0 呈阴性。

【方法学评价】

氯乙酸 AS-D 萘酚酯酶染色较特异地识别粒细胞系统，有助于急性粒细胞白血病与急性单核细胞白血病的鉴别，特别是对某些 POX 染色反应较强的单核细胞白血病，鉴别意义较大。

二、α-乙酸萘酚酯酶染色

【实验原理】

血细胞内的 α-乙酸萘酚酯酶染色（α-naphythyol acetate esterase，α-NAE）在 pH 中性条件下可水解基质液中的 α-乙酸萘酚，释放出 α-萘酚与基质液中的重氮盐偶联形成不溶的有色沉淀，定位于细胞质内酶所在的部位。本试验常用的重氮盐为坚牢蓝 B，形成的有色沉淀为棕黑色或灰黑色。α-NAE 存在于单核细胞、粒细胞和淋巴细胞中，故它是一种中性非特异性酯酶。单核细胞的阳性可被氟化钠抑制，所以做 α-NAE 染色时，通常同时加做氟化钠抑制试验。

$$\alpha\text{-乙酸萘酚}\xrightarrow{\alpha\text{-NAE 萘酚}}\text{萘酚}\xrightarrow{\text{重氮盐}}\text{有色沉淀}\downarrow$$

【实验器材】

1. 试剂

（1）0.067mol/L 磷酸缓冲液（pH7.6）。

甲液：$Na_2HPO_4 \cdot 12H_2O$ 2.388g 加入蒸馏水至 100ml。乙液：KH_2PO_4 0.908g 加入蒸馏水至 100ml。取甲液 87ml，乙液 13ml 混合，调 pH 至 7.6。

（2）基质液：0.067mol/L 磷酸盐缓冲液 50ml，加入 10g/L α-乙酸萘酚（取 α-乙酸萘酚 1g 溶于丙酮 50ml 和蒸馏水 50ml）1.0ml，充分振荡，直至最初产生的混浊物（大部分）消失为止，加重氮盐（坚牢蓝 B 等）50mg，振荡，过滤后分成两份，一份加入氟化钠，终浓度为 1.5g/L。

（3）10g/L 甲绿水溶液。

2. 器材　新鲜涂片（骨髓片或血片）、染色架、洗耳球、光学显微镜等。

【实验步骤】

（1）将做好标记的 2 张骨髓片（血涂片）膜面置甲醛蒸汽固定 5～10min，自然晾干。

（2）1 张放入基质液 37℃，1h；另 1 张放入加有氟化钠的基质液（按 1ml 基质液中加入 1.5mg 氟化钠的比例）37℃，1h。

（3）10g/L 甲绿水溶液复染色 15～20min。

（4）自来水冲洗、待干、镜检（两张涂片进行对照，用油镜计数 100 个受检细胞）。

【实验结果】

1. 结果判断

（1）α-NAE 染色结果

阳性：细胞质内有灰黑色颗粒。

阳性：细胞质内无灰黑色颗粒。

（2）非特异性酯酶阳性程度判断（图 1-16）

（-）：胞质无沉淀物（无色）。

（+/-）：胞质见浅灰色沉淀物。

（+）：胞质见浅灰色，无颗粒或有少量细小颗粒。（胞质 1/2 区域出现灰黑色或棕黑色沉淀）。

（++）：胞质见深灰色，有较粗灰黑色颗粒但小于胞质 1/2 面积。（胞质 3/4 区域出现灰黑色或棕黑色沉淀）。

（+++）：胞质见粗大黑色颗粒，可达胞质面积 3/4 以上。（胞质全部区域出现棕黑色沉淀，但是密度较低）。

（++++）：胞质见粗大深黑色颗粒，达胞质全部面积甚至可掩盖于胞核上。（胞质全部被深黑色沉淀充满，密度较高）。

（3）非特异性酯酶氟化钠抑制程度判断（图 1-17）。

2. 正常血细胞染色反应

（1）单核细胞系统：呈阳性反应，单核细胞的阳性反应能被氟化钠抑制，氟化钠试验的抑制率大于 50%。

（2）粒细胞系统：呈阴性或弱阳性，阳性反应不能被氟化钠抑制。

（3）淋巴细胞系统：呈阴性或弱阳性，阳性反应不能被氟化钠抑制。

（4）其他细胞：巨核细胞和血小板呈阳性反应，阳性反应不能被氟化钠抑制；幼红细胞呈阴性或弱阳性，阳性反应不能被氟化钠抑制。

3. 氟化钠抑制率计算　分别计算出抑制前和抑制后的阳性率与积分，并按下列公式计算抑制率：

$$\text{氟化钠抑制率(\%)} = \frac{\text{(抑制前阳性率或阳性积分-抑制后阳性率或阳性积分)}}{\text{抑制前阳性率或阳性积分}} \times 100\%$$

【注意事项】

（1）骨髓涂片或血涂片应新鲜制作，应取材后两天内染色。

（2）α-乙酸萘酚酯酶染色是一种非特性酯酶染色，是判断急性白血病的常规染色方法，在 pH 7.4 时用α-乙酸萘酚酯酶染色作底物，正常单核细胞和原始单核及幼稚单核细胞均呈阳性反应，能被氟化钠抑制；结合氟化钠抑制试验，对鉴别单核细胞白血病有重要价值。

（3）NAE 染色是否满意的关键之一是掌握配制基质液的技巧，α-乙酸萘酚溶液需缓慢地一滴一滴滴入，要小心防止滴入的试管触及母液或在振荡中被母液污染试管头。氟化钠抑制试验中氟化钠浓度很重要，重量称取要准。在镜检中需要从标本中的自身细胞的阳性和阴性质控对照。

【临床意义】

主要用于辅助鉴别急性白血病类型：

（1）AML-M4、AML-M5 呈阳性反应，阳性反应能被氟化钠抑制（抑制率在 50%以上）。

（2）AML-M1、AML-M2、AML-M3、AML-M6、AML-M7、ALL 均可呈阳性反应，但阳性反应不能被氟化钠抑制。

【方法学评价】

该方法反应强，且反应产物为棕黑色，颗粒比较明显，定位清楚。

【思考题】

（1）氯乙酸 AS-D 萘酚酯酶染色在诊断急性白血病类型中的临床意义是什么？

（2）α-乙酸萘酚酯酶染色在诊断急性白血病类型中的临床意义是什么？

实验十一　过碘酸-希夫染色

【实验目的】

（1）掌握过碘酸-希夫染色的实验步骤、结果分析及临床意义。

（2）熟悉过碘酸-希夫染色的原理及注意事项。

【实验原理】

过碘酸是氧化剂，使含有乙二醇基（—CHOH—CHOH）的多糖类物质（糖原、黏多糖、黏蛋白、糖蛋白及糖脂等）氧化，形成双醛基（—CHO—CHO）。醛基与希夫试剂中的无色品红结合，使其变成紫红色，定位于细胞内的多糖所在处。在过碘酸氧化前，有麦芽糖或唾液淀粉酶处理标本，再糖原染色，可鉴别是糖原还是其他多糖类物质，如被消化则是糖原，如不被消化则为其他多糖类物质。过碘酸-希夫反应（periodic acid-Schiff reaction，PAS），又称为糖原染色。

$$乙二醇基 \xrightarrow{过碘酸} 双醛基 \xrightarrow{无色品红} 有色沉淀\downarrow$$

【实验器材】

1. 试剂

（1）高碘酸氧化液：$HIO_4 \cdot 2H_2O$ 1g 蒸馏水加至 100ml，此液溶解后保存于冰箱中待用。

（2）Schiff 试剂：将 1g 碱性品红溶于 200ml 煮沸的水中。摇荡 2min 使品红充分溶解，冷却至 60℃左右，过滤，并向滤液中加入 1mol/L 盐酸 20ml，混匀。冷至 25℃时，加 2g 偏重亚硫酸钠（或钾）（$Na_2S_2O_5$）。将此液置于带塞的棕色玻璃瓶中，放暗处 24h。加 1g 活性炭，摇动 1min，过滤，保存于冰箱中。

（3）20g/L 甲基绿溶液：甲绿 2g，蒸馏水加至 100ml。

（4）淀粉酶：咀嚼刺激分泌唾液，离心取上清液，内含淀粉酶，将麦芽糖淀粉酶 0.1～1.0g 溶于 0.02mol/L 磷酸盐缓冲液（pH 6.0）100ml 中。

2. 器材　骨髓片或血片、染色缸、水浴箱、显微镜等。

【实验步骤】

（1）将做好标记的血涂片和骨髓片血膜面朝上放平。

（2）滴加 95%乙醇溶液数滴固定 10min，水洗，待干。涂片需要消化，可加唾液或麦芽糖淀粉酶，置室温消化 60min。

（3）10g/L 高碘酸氧化 15～20min，水洗，待干，避光染色。

（4）希夫染液中染色 30～60min，水洗，待干。

（5）20g/L 甲绿复染 10～20min。

（6）自来水冲洗，待干，镜检。

【实验结果】

1. 结果判断

（1）PAS 染色结果：阳性，细胞质内有红色或紫红色，呈弥散状、颗粒状或块状的物质。阴性，细胞质内无红色或紫红色，呈弥散状、颗粒状或块状的物质。

（2）PAS 染色阳性程度判断（图 1-18）。

（-）：胞质无色，无颗粒。

（+）：胞质呈淡红色或有少量红色颗粒通常<10 个颗粒。

（++）：胞质呈红色或有 10 个以上红色颗粒。

（+++）：胞质呈暗红色或有粗大红色颗粒，可出现红色块状。

（++++）：胞质呈紫红色或有粗大红色块状。

2. 正常血细胞染色反应

（1）粒细胞系：呈弥散状红色阳性；嗜酸粒细胞胞质呈阳性，颗粒呈阴性；嗜碱粒细胞胞质呈阴性，颗粒呈阳性。

（2）单核细胞系：呈细颗粒状阳性。

（3）淋巴细胞系：呈粗颗粒状或块状阳性。

（4）红细胞系：呈阴性反应，偶见少数幼红细胞有较弱的阳性反应。

（5）巨核细胞系：巨核细胞和血小板呈弥散性和粗大颗粒状强阳性反应，且随细胞成熟而增强，定位于胞质内。

(6) 其他:浆细胞呈阴性反应，偶见少数呈较弱阳性。巨噬细胞可呈阳性反应,均定位于胞质内。

【注意事项】

(1) 所用染色缸及器具应十分清洁、干燥。

(2) 固定试剂不同,染色效果不同。目前较常用的有95%乙醇溶液、100%甲醇及甲醛蒸气。

(3) 希夫(Schiff)染液应避光保存,无色,变红则失效。

(4) 偏重亚硫酸钠量要充足,该试剂易于分解,应密封干燥保存。

(5) 观察PAS结果时,首先判断正常粒细胞是否阳性,以判断染色是否成功,再观察白血病细胞结果。

(6)染色后标本应及早观察和记录。

【临床意义】

(1) 红细胞系统良恶性的疾病鉴别:①红血病、红白血病、骨髓增生异常综合征中,幼红细胞呈阳性反应(均匀红色或块状);②各类增生性贫血呈阴性反应。

(2) 白血病类型的鉴别:用于辅助鉴别急性白血病的细胞类型。

1) 急性淋巴细胞白血病时:原始和幼稚淋巴细胞呈红色粗颗粒状或红色块状阳性。

2) 急性粒细胞白血病时:原始粒细胞呈阴性或弥漫淡红色阳性。

3) 急性单核细胞白血病时:分化差的原始及幼稚单核细胞呈阴性,分化好的原始及幼稚单核细胞呈红色细颗粒状,在胞质的边缘及伪足处明显颗粒阳性。

4) 慢性淋巴细胞白血病时淋巴细胞阳性率高 ,阳性反应物呈粗颗粒状或块状;恶性淋巴瘤时淋巴瘤细胞阳性率高、阳性程度强,反应物呈块状或粗颗粒状。

5) 其他细胞:①帮助鉴别不典型巨核细胞和霍奇金细胞或Reed- Sternberg细胞,前者呈强阳性反应,后者呈弱阳性或阴性反应。②帮助鉴别戈谢细胞和尼曼-皮克细胞,前者呈强阳性反应,后者是弱阳性反应,且空泡中心为阴性反应。③骨髓转移的腺癌细胞,呈强阳性反应。

【方法学评价】

试剂成本低,操作简单,染色效果好。

【思考题】

(1) 糖原染色在鉴别红系统疾病有何临床意义?

(2) 糖原染色在不同类型急性白血病中阳性反应有何区别?

实验十二　中性粒细胞碱性磷酸酶染色

【实验目的】

(1) 掌握中性粒细胞碱性磷酸酶染色的实验步骤、结果分析及临床意义。

(2) 熟悉中性粒细胞碱性磷酸酶染色的原理及注意事项。

一、Kaplow偶氮偶联法

【实验原理】

粒细胞胞质中的中性粒细胞碱性磷酸酶(NAP)在pH 9.2~9.8缓冲液中,能水解磷酸萘酚钠，并释放出磷酸与萘酚。重氮盐与萘酚偶联成不溶性有色偶氮染料沉淀于胞质中。

【实验器材】

1. 试剂

(1) 10%甲醛甲醇固定液：甲醛 25ml、甲醇 75ml、2～8℃避光保存。

(2) 丙二醇缓冲液：

1) 储备液(0.2mol/L)：2-氨基-2 甲基-1、3-丙二醇 10.5g、蒸馏水加至 500ml，溶解后保存于冰箱内。

2) 应用液(0.05mol/L，pH 9.75)：0.2mol/L 储存液 25ml、0.1mol/L 盐酸 5ml、蒸馏水加至 100ml。

(3) 基质孵育液(pH 9.5～9.6)：α-磷酸萘酚钠 20mg 溶于 0.05mol/L 丙二醇缓冲液 20ml，再加坚牢紫酱 GBC 20mg 混合后用过滤，用前临时配制。

(4) 苏木素复染液：取 1g 苏木素 500ml 蒸馏水中，加热煮沸，使苏木素溶解，再加入蒸馏水 500ml、碘酸钠 200mg、硫酸铝钾 50g，充分混匀，置棕色玻璃中室温保存，使用前过滤。

2. 器材 血片或骨髓片、染色缸、水浴箱、显微镜等。

【操作步骤】

(1) 已标记的骨髓片或血涂片置 10%甲醛甲醇固定液中固定 30s 至 1min，蒸馏水轻轻冲洗 30～60s，待干。

(2) 浸入基质孵育液中，在室温下温育 10～15min，蒸馏水冲洗 2min，待干。

(3) 苏木素复染 5～8min，蒸馏水冲洗 1～2min，待干，镜检。

【实验结果】

1. 结果判断

(1) NAP 染色结果。

阳性：中性粒细胞胞质内有棕红色颗粒。

阴性：中性粒细胞胞质内无棕红色颗粒。

(2) NAP 阳性程度及积分判断(图 1-19)。

(-)0 分：阴性反应，胞质中无阳性染色颗粒。

(+)1 分：胞质中含有少量颗粒或呈弥散浅红色(或弥散紫色)。

(++)2 分：胞质中含有中等量颗粒或弥散受色。

(+++)3 分：胞质中有丰富的颗粒或弥散深色，胞核清晰。

(++++)4 分：胞质中充满有极丰富的粗大颗粒，或弥散深色，胞核不清晰。

NAP 积分：计数 100 个成熟中性粒细胞，按其反应强度分级，各级百分率与其级数乘积的总和，即为积分。例如：

反应程度	(-)	(+)	(++)	(+++)	(++++)
百分率	20	40	20	15	5

积分：(0×20)+(1×40)+(2×20)+(3×15)+(4×5)=145

阳性率为：NAP%=80%。

2. 正常血细胞染色反应 中性粒细胞碱性磷酸酶(NAP)是中性粒细胞中的特异性颗粒("S"颗粒)所释放的一种酶，主要存在于成熟中性粒细胞(包括杆状核粒细胞和分叶核粒细胞)，故其染色后呈阳性反应，其他细胞基本呈阴性。

3. 参考值　成人 NAP 阳性率:10%~40%,NAP 积分值为 40~80 分(各单位应建立本实验室参考值)。

【注意事项】

(1) 坚牢蓝等重氮盐的质量好坏是 NAP 染色成败的关键。

(2) 基质孵育液必须临用前新鲜配制。

(3) 所用的片子要新鲜,不能用加有抗凝剂的标本;酶活性随时间延长而降低,如不能及时染色的标本,固定后,一般在 1 周内进行染色。

(4) 做 NAP 染色时,最好选择已知酶活性强的阳性标本、正常标本与被检标本同时染色。

【临床意义】

(1) 慢性粒细胞白血病与类白血病反应:前者明显下降且积分常为零分,后者明显增加,故可作为两者鉴别的一个重要指征。

(2) 再生障碍性贫血与阵发性睡眠性血红蛋白尿:前者常增加,后者常下降,因此可作两者鉴别参考。

(3) 慢性粒细胞白血病(慢性期)与慢性中性粒细胞白血病:前者明显下降,后者明显增加(常在 300 分以上)。慢性粒细胞白血病中性粒细胞碱性磷酸酶活性降低甚至消失,治疗缓解后酶活性增高,故 NAP 检查对慢性粒细胞白血病的诊断、治疗以及缓解与复发的监测有实用意义。

(4) 急性白血病的鉴别:急性粒细胞白血病常下降,但合并感染可增加;急性淋巴细胞白血病常增加;急性单核细胞白血病一般正常或减低。故可作急性白血病类型鉴别的方法。

(5) 细菌性感染与病毒性感染:前者明显增加(尤其是化脓性感染),后者常无明显变化或略低,因此,NAP 染色可帮助鉴别细菌性感染与病毒性感染。

(6) 恶性淋巴瘤与恶性组织细胞病:前者常增加,后者常下降。

(7) 恶性组织细胞病与反应性组织细胞增多症:前者下降,后者无明显变化。

(8) 真性红细胞增多症与继发性红细胞增多症:前者常增加,后者无明显变化。

(9) 原发性血小板增多症与继发性血小板增多症:前者常增加,后者无明显变化。

(10) 腺垂体或肾上腺皮质功能亢进,应用肾上腺皮质激素、ACTH、雌激素等 NAP 积分值可增高。

【方法评价】

该染色操作步骤简便,染色快速,色彩鲜艳,结果准确稳定。

二、Gomori 钙-钴法

【实验原理】

在缓冲液(pH 9.0~9.8)中,可将温育液中的底物(β-甘油磷酸酶)水解为磷酸根和甘油,磷酸根再与硝酸钙中的 Ca^{2+} 结合为磷酸钙沉淀,此沉淀物再与硝酸钴、硫酸铵等起一系列化学反应,最后生成不溶性的黑色硫化钴(CoS),定位于酶活性所在部位。

【实验器材】

1. 试剂

(1) 固定液:包含甲醇 90ml、甲醛 10ml。

(2) 温育液:包含 10%巴比妥钠溶液 6ml,3.2% β-甘油磷酸钠 6ml,0.1mol/L 硫酸镁溶液 6ml,2%硝酸钙 9ml,加水至 50ml(pH 9.8)。固定液及温育液均放在 4℃的冰箱中保存。

(3) 2%硝酸钴溶液:硝酸钴 2g 加蒸馏水 100ml。

(4) 1∶80 稀释硫酸铵溶液:1ml 硫酸铵加蒸馏水 80ml。

(5) 2%沙黄溶液:沙黄 2g 加蒸馏水 100ml。

2. 器材 血片或骨髓片、染色缸、水浴箱、显微镜等。

【实验步骤】

(1) 将做好标记的骨髓片(血涂片)膜面置 4℃固定液中固定 30s,水洗,待干。

(2) 置 37℃新鲜温育液 2h。

(3) 2%硝酸钙溶液冲洗,待干。

(4) 2%硝酸钴 5min,水洗,待干。

(5) 置新鲜配制的 1∶80 硫酸铵溶液中 10s。

(6) 2%沙黄水溶液中复染 10s(也可用瑞氏染液复染),水洗,待干,镜检。

【实验结果】

1. 结果判断

(1) NAP 染色结果。

阳性:细胞胞质内有棕黑色颗粒。

阴性:细胞胞质内无棕黑色颗粒。

(2) 阳性程度及积分判断(图 1-20)。

(-)0 分: 阴性反应,胞质中无阳性颗粒。

(+)1 分: 中性粒细胞胞质呈弥漫浅灰色。

(2+)2 分:胞质中有稍致密的棕黑色片状沉淀。

(3+)3 分:胞质中充满棕黑色颗粒。

(4+)4 分:胞质中充满棕黑色颗粒,并有一部分遮盖了细胞核。

NAP 积分:计数 100 个成熟中性粒细胞,按其反应强度分级,各级百分率与其级数乘积的总和,即为积分。

2. 正常血细胞染色反应 同 Kaplow 偶氮偶联法。

3. 参考值 同 Kaplow 偶氮偶联法。

【注意事项】

(1) 标本要求新鲜,标本放置过久,酶活性降低。

(2) 固定液:以 10%甲醛甲醇溶液固定液为好。

(3) 基质液必须新鲜配制,pH 以 9.4 为宜,pH<9 时酶活力下降,pH>10 时细胞易破碎、酶扩散,造成假阴性。

(4) 环境条件可干扰本试验,每次染色均应设阴、阳性对照。

【临床意义】

同 Kaplow 偶氮偶联法。

【方法学评价】

钙-钴法法操作步骤较 Kaplow 偶氮偶联法稍复杂，但试剂易得，价格低廉，临床上也广泛应用。

【思考题】

碱性磷酸酶染色在白血病诊断中有何意义？

实验十三　铁　染　色

【实验目的】

（1）掌握铁染色的实验步骤、结果分析及临床意义。

（2）熟悉铁染色的原理及注意事项。

【实验原理】

正常人骨髓中的储存铁主要存在于骨髓小粒和幼红细胞中。骨髓中的铁在酸性环境下与亚铁氰化钾作用，形成普鲁士蓝色的亚铁氰化铁沉淀，定位于含铁的部位。

【实验器材】

1. 试剂

（1）酸性亚铁氰化钾溶液：200g/L 亚铁氰化钾溶液与浓盐酸（分析纯）按 5：1 比例配制。取 200g/L 亚铁氰化钾溶液置于试管中，缓缓滴加浓盐酸，边滴边摇匀，待烟雾消失后，过滤备用。

（2）2g/L 核固红-硫酸铝溶液：取硫酸铝 2g 溶于 100ml 蒸馏水中，再加入核固红 0. 2g。置 37℃水浴中 1h 并随时振荡使其溶解，过滤后备用。

（3）甲醇（分析纯）。

2. 器材　骨髓片或血片、染色缸、水浴箱、显微镜等。

【操作步骤】

（1）将做好标记的骨髓小粒丰富的骨髓片膜面朝上放平。

（2）滴加甲醇固定液 10～15min，蒸馏水冲洗，晾干。

（3）置酸性亚铁氰化钾溶液中 20～30min（室温或放孵育箱温育），冬季时间延长，用蒸馏水反复冲洗，待干。

（4）核固红复染 10～15min，用蒸馏水反复冲洗，晾干，镜检。

【实验结果】

1. 结果判断　骨髓中的储存铁分为细胞外铁和细胞内铁。细胞外铁主要存在于骨髓小粒的巨噬细胞中，细胞内铁是指存在于中幼红细胞、晚幼红细胞及成熟红细胞中的铁（包括铁粒幼红细胞/环形铁粒幼红细胞/铁粒红细胞）。幼红细胞核呈鲜红色，浆呈淡黄红色，铁粒呈蓝绿色。

（1）细胞外铁：用低倍镜观察涂片，特别注意涂片尾部和骨髓小粒附近有无染成蓝色的铁颗粒存在，根据骨髓小粒中可染铁的存在方式及量将细胞外铁分为五级标准（图 1-21）。

（－）：无铁颗粒。

（＋）：有少数铁颗粒或偶见铁小珠（大于嗜酸粒细胞的颗粒者称为铁珠）。

（＋＋）：较多铁颗粒，间有铁小珠。

(+++):许多铁颗粒,铁小珠,或少数铁小块。

(++++):密布铁颗粒,铁小珠,并有许多小块、成堆 。

(2) 细胞内铁:用油镜计数 100 个中幼红细胞和晚幼红细胞中含有蓝色铁颗粒的细胞,再计算出铁粒幼红细胞的百分率(图 1-22)。

1) 铁染色结果。

阳性:细胞质内有蓝色颗粒。

阴性:细胞质内无蓝色颗粒。

2) 根据细胞内铁颗粒多少、大小、粗细将内铁分为以下几种类型。

(Ⅰ)胞质见 1~2 个蓝色铁小粒。

(Ⅱ)胞质内含 3~5 个蓝色铁小粒。

(Ⅲ)胞质内含 6~10 个蓝色铁小粒,或 1~4 个蓝色粗大铁粒。

(Ⅳ)胞质内含 11 个以上蓝色铁小粒,或 5 个以上蓝色粗大颗粒。

3) 环形铁粒幼红细胞:指铁粒幼红细胞胞质内所含蓝色铁颗粒≥6 颗,并且围绕核周 1/2 以上。

2. 参考值

(1) 细胞外铁:(+)~(++),约 2/3 人为(++),约 1/3 人为(+)。

(2) 细胞内铁:阳性率在 19%~44%。以Ⅰ型为主,少数为Ⅱ型,无环形铁粒幼红细胞及铁粒红细胞。

【注意事项】

(1) 标本取材要满意。外铁检查要选择含有骨髓小粒的涂片。

(2) 所用玻片一定要清洁无污,需经无铁处理,除去载玻片上可能存有的污染铁,此点对外铁检测特别重要。

(3) 试剂要新鲜配制,浓盐酸与亚铁氰化钾的比例要准确。

(4) 最好用放骨髓液的原片做铁染色,观察时要仔细。

(5) 细胞内铁计算积分时以中晚幼红细胞为准,原始红细胞和早幼红细胞不计入百分比内。

【临床意义】

(1) 缺铁性贫血:细胞外铁明显减低甚至消失,细胞内铁阳性率减低(<15%)或为零。经铁剂治疗后细胞外铁增多。因此,骨髓铁染色是诊断缺铁性贫血及指导铁剂治疗的重要方法。

(2) 铁粒幼细胞贫血:环形铁粒幼细胞量增多,常大于 15%,铁粒幼红细胞增多(铁粒幼红细胞以Ⅲ型、Ⅳ型为主),细胞外铁增多。

(3) 骨髓增生异常综合征:伴环形铁粒幼红细胞增多的难治性贫血,其环形铁粒幼红细胞>15%,外铁也增加。

【方法学评价】

铁染色是检查骨髓中储存铁最简便有效的方法,此结果可代表全身储存铁的情况,是诊断是否缺铁的重要指标之一。

【思考题】

(1) 铁染色在诊断贫血中的临床意义有哪些?

(2) 铁染色操作过程中的注意事项有哪些?

(杨　芳)

实验十四　骨髓涂片细胞形态学分析

骨髓细胞形态学检查是诊断血液系统疾病最基本方法，作为医学检验专业学生需掌握骨髓报告中实验数据、文字描述及诊断意见。

【实验目的】

(1) 掌握骨髓涂片形态学检查步骤、内容。

(2) 熟悉骨髓检查报告单的书写方法。

(3) 了解骨髓涂片细胞形态学诊断分析思路。

【实验器材】

正常人骨髓片、血片。

【实验步骤】

骨髓形态学检查步骤见图 1-23。

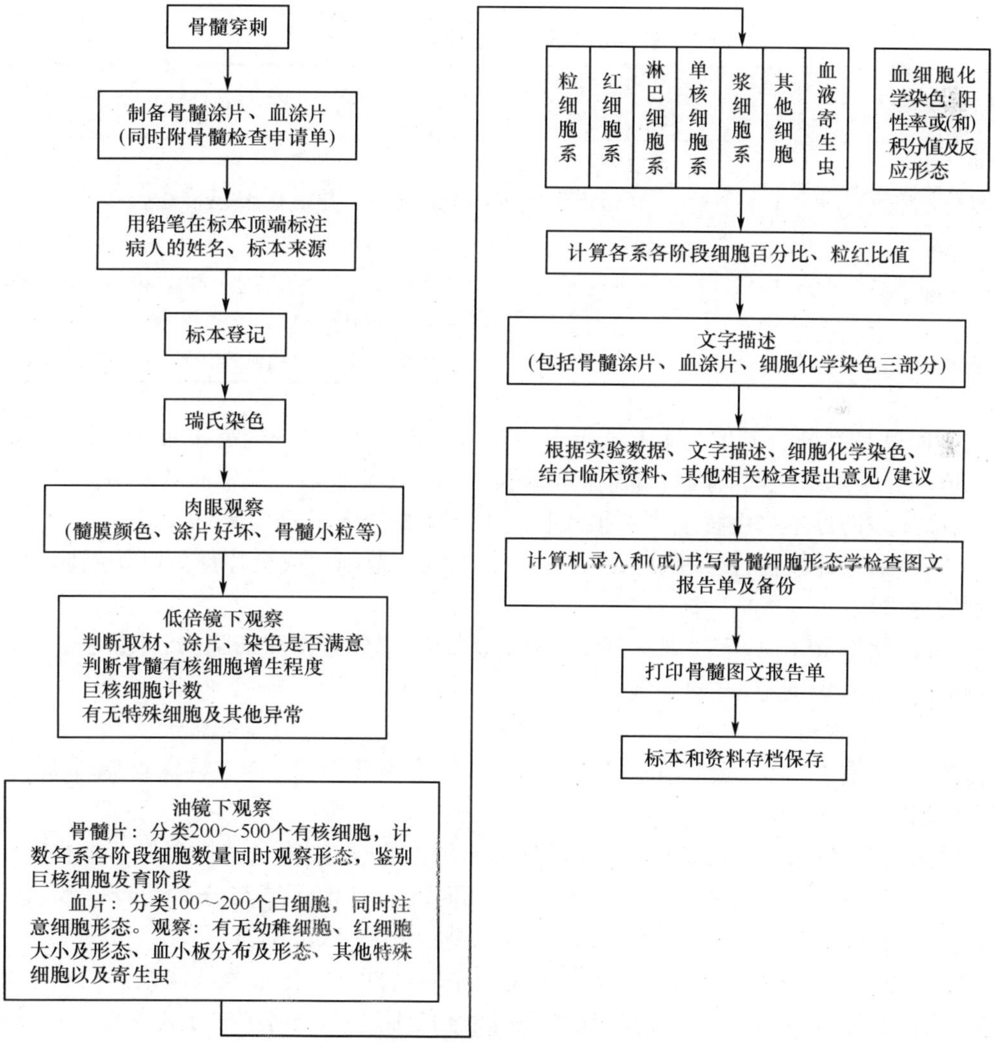

图 1-23　骨髓形态学检查步骤

【实验内容】

1. 骨髓片检查

(1) 肉眼观察:肉眼选择涂片制备良好、骨髓小粒多、染色好的标本进行检查。

(2)低倍镜下观察

1) 判断取材、涂片、染色是否满意:取材、涂片、染色的好坏直接影响骨髓检查结果,在三者满意情况下进行检查才能保证检验结果的可靠性。

A. 取材判断:取材好的骨髓涂片可见骨髓小粒、油滴、镜下可见骨髓特有的细胞。

B. 涂片判断:好涂片头体尾分明、两边留有空隙、长短适中、厚薄均匀,镜下见成熟红细胞排列紧密但不重叠。

C. 染色判断:染色良好的骨髓片,肉眼呈淡红色、淡紫红色(增生极度活跃的标本多呈深蓝色);镜下成熟红细胞为橘红色/粉红色;细胞核为紫红色,核染色质结构和细胞质中颗粒结构清晰;淋巴细胞质呈透明天蓝色;整个涂片背景无沉渣。

2) 有核细胞增生程度判断:骨髓增生程度是指有核细胞与成熟红细胞的大致比例,分五级(表 1-13)。

表 1-13 骨髓增生程度判断表

增生程度	有核细胞/成熟红细胞	有核细胞均数/高倍镜视野	常见病例
增生极度活跃	1∶1	>100	急/慢性白血病、骨髓增殖性疾病
增生明显活跃	1∶10	50~100	增生性贫血、急性白血病、骨髓增生异常综合征
增生活跃	1∶20	20~50	正常人、增生性贫血
增生减低	1∶50	5~10	再生障碍性贫血、急性造血功能停滞、急/慢性白血病治疗后骨髓抑制、粒细胞缺乏症、部分血稀
增生极度减低	1∶200	<5	再生障碍性贫血、急/慢性白血病治疗后骨髓抑制、血稀

增生程度是判断骨髓取材好坏最重要指标;在低倍镜下观察,需多视野观察、评估,取其平均值。介于两级之间时因骨髓穿刺不可能浓缩,只有血稀可能需往上一级靠。在日常工作中,涂片差的标本增生程度判断很大程度上借助检查者的经验来估计。

3) 巨核细胞计数:巨核细胞计数在 1.5cm×3.0cm 范围内或全片计数巨核细胞,并用油镜鉴别发育阶段。

4) 特殊细胞及其他:全片观察有无体积较大或成团分布特殊细胞,如骨髓瘤细胞、神经母细胞瘤、海蓝组织细胞、戈谢细胞等。

(3) 油镜下观察

血片观察(包括高倍镜和油镜)血细胞数量、形态有无改变,鉴定特殊细胞性质及其他等,再在油镜下分类计数。

1) 计数部位的选择:应选择有核细胞结构清楚,成熟红细胞紧密排列但不重叠环境,最好在体尾交界处(能包括体积大、中、小细胞),同时注意其他区域与分类是否一致,必要时多部位选点分类取平均值,甚至选择代表该区域进行分类,取范围值。

2) 计数顺序:一般按从上到下,从右到左顺序向前推进。尽量兼顾体积大、中、小细胞。

3) 应计数细胞:计数所有骨髓有核细胞(除巨核细胞、破碎细胞、分裂象外),若是同时有两种肿瘤患者,计数原始细胞时不包括另一肿瘤细胞。

4）计数的数目：计数200个有核细胞；增生明显活跃者应计数500个有核细胞，或（和）多区域分类计数，取平均值；增生极度减低者可只计数100个有核细胞。

（4）仔细记录各系增生程度、各阶段细胞比值、形态的变化。

1）粒细胞系：包括增生程度、描述各阶段粒细胞比值有无增高和减少情况，形态有无改变，如有无中毒改变、核质发育不平衡、巨幼变、分叶过多、病态造血及棒状小体等。

2）红细胞系：包括增生程度、描述各阶段幼红细胞比值有无增高和减少情况，形态有无改变，如有无核碎裂、嗜碱性点彩、豪周氏小体、核老浆幼现象、巨幼变、幼红细胞岛、病态造血等。同时观察成熟红细胞大小、有无异形红细胞、多嗜性红细胞、嗜碱性点彩、Howell-Jolly及大红细胞等。

3）单核细胞系：单核细胞占有核细胞百分比，形态有无异常，有无原始、幼稚单核细胞。

4）淋巴细胞系：成熟淋巴细胞占有核细胞百分比，有无原始、幼稚单核细胞。

5）浆细胞系：成熟浆细胞比值、形态、有无原幼浆细胞和成堆现象。

6）巨核细胞系：全片计数并分类，当巨核细胞多时，计数总数并分类100个巨核细胞，算出百分率。观察各期巨核细胞形态：有无成熟障碍、病态造血表现，同时估计血小板数量、分布状态、有无大、异常血小板、颗粒区是否正常。

7）有无特殊细胞，当出现时观察包括：细胞分布状态、胞体大小、形状；核大小、形状、位置、核染色质结构、核仁有无及多少；胞质量、颜色、颗粒多少、内容物等形态特点。

8）有无血液寄生虫，如疟原虫、马尔尼菲青霉菌和荚膜组织胞质菌等。

9）骨髓小粒：观察骨髓小粒中有核细胞成分、数量；注意有无非造血细胞团、较多原幼细胞及异常细胞。

10）粒红比值：指各阶段粒系细胞百分率总和与各阶段有核细胞比例总和之比为粒红比值。

2. 血片观察

（1）做骨髓检查需同时送检血涂片。

（2）血涂片观察白细胞分布、分类比值、形态有无异常、有无幼稚细胞。

（3）红细胞大小、形态、着色。

（4）估计血小板数量、分布状态、有无大、异常血小板、颗粒区是否正常。

（5）有无其他特殊细胞、病理细胞。

（6）有无血液寄生虫。

3. 细胞化学染色

（1）是在血细胞原位上，对其各种化学成分（酶类、脂类、糖类、铁、蛋白质、核酸等）进行定性，定位及半定量的分析。

（2）每项染色结果的报告一般包括阳性率、积分及阳性细胞的反应形态。

4. 骨髓检查报告单的书写方法

（1）填写患者：姓名、性别、年龄、科室、病房、床号、住院号、骨髓穿刺部位、骨髓穿刺时间、骨髓片号、临床诊断等。

（2）填写实验数据：填写骨髓报告单中各系各阶段细胞百分比、粒红比值、有核细胞增生程度。

（3）文字描述：包括骨髓涂片、血涂片、细胞化学染色三部分（细胞化学染色依病情需要决定染色种类）。

1）骨髓涂片描述

A. 取材、涂片、染色。

B. 有核细胞增生程度。

C. 粒细胞系、红细胞系、巨核细胞系、淋巴细胞、单核细胞需对其比值高低、形态上有无异常表现，详细描述。

D. 良性疾病常首先介绍粒细胞系、红细胞系并详细描述；随后淋巴细胞、单核细胞简单描述；巨核细胞系及血小板描述。

E. 异常情况下，习惯将异常细胞提前到首列，并详细描述，而其他系列细胞依正常顺序描述。

2）血涂片描述

A. 描述白细胞分布，分类比值高低、形态有无异常并是否有幼稚阶段细胞。

B. 红细胞大小、形态、染色、血小板分布及形态。

C. 其他特殊细胞和病理细胞有无发现、有无血液寄生虫。

5. 骨髓检查细胞形态学诊断分析思路 根据骨髓象和血象的实验数据、文字描述和细胞化学染色，结合临床资料、治疗情况和其他相关检查，提出意见/建议（表 1-14）。

表 1-14 骨髓检查细胞形态学书写意见/建议

诊断性质	特 点
明确性诊断	骨髓有明显特异性形态学改变、典型临床表现，并与其他相关检查相符者。如急或慢性白血病、多发性骨髓瘤、骨髓转移癌、RAEB-II、缺铁性贫血、戈谢病、海蓝组织细胞增生症、尼曼-匹克病
符合性诊断	骨髓可见特异性形态学改变、与临床表现和其他相关检查相符者。如遗传性球形红细胞增多症、地中海贫血、免疫性血小板减少性紫癜、铁粒幼细胞贫血、再生障碍性贫血、纯红细胞再生障碍性贫血、传染性单核细胞增多症、原发性血小板增多症
疑似性诊断	骨髓象有变化或出现少量异常细胞，如恶性淋巴瘤骨髓浸润、骨髓增殖性疾病、骨髓增生异常综合征一些亚型、血栓性血小板减少性紫癜、脾功能亢进、噬血细胞综合征。需结合临床，完善相应检查，必要时追踪观察才能明确诊断
排除性诊断	临床疑似某种血液病，但骨髓象无特异性形态学改变，可能为：①疾病早期；②不是病变部位；③治疗后标本。如恶性淋巴瘤是局灶性浸润，穿刺不是病变部位；免疫性血小板减少性紫癜治疗后，可致血小板分布正常，骨髓巨核细胞未见明显成熟障碍表现
描写性诊断	①我们在日常工作中接收标本是各个时期、有治疗过后各种各样情况下标本，骨髓象有些改变，但提不出上述性质意见时，意见或建议可以简述形态学变化，提出进一步该做的检查及建议。②对于诊断已明确的疾病，要与以前骨髓涂片进行比较，得出疾病完全缓解、部分缓解、改善、复发等意见

注：从表中可以看出，骨髓检查的意见/建议要结合临床资料、治疗情况和其他相关检查，综合评价后才能提出。

6. 书写报告（日期、签名）和资料保存 骨髓报告单（参见附录）多数采用骨髓细胞图文分析系统，报告单一式两份，其中一份存档，一份给患者；电子文档终身保存。骨髓标本的保存和资料存档至少存放 5 年。

【注意事项】

1. 骨髓片检查注意事项

（1）骨髓涂片在染色和观察前注意辨认涂片正、反面，用铅笔在标本头瑞写上患者姓名。

（2）瑞氏染色时间长短受室温、有核细胞增生程度、片子厚薄、染液与缓冲液的比例等因素影响；不能使用蒸馏水和自来水替代缓冲液；标本染色最好在低倍镜下观察，有核细胞核、浆界限清晰时再用自来水冲掉。

（3）在进行细胞分类时，由于血细胞发育是一个连续不断的过程，为了便于识别，人为地划分若干阶段，在日常工作中会出现介于上、下两阶段之间细胞，应归入下一阶段。

（4）在进行细胞分类时，不能只在某一处分类而不做全片观察，同时还应观察所有送检的骨髓涂片。

（5）在进行有核细胞分类前，应先观察标本染色、各系细胞发育情况，避免主观判断。

（6）血小板数量应全片观察，特别是涂片边缘、尾部和凝块处，若血片和髓片不统一时，以血小板分布多的为准。

2. 骨髓细胞形态学分析在疾病诊断中的注意事项

（1）有些疾病骨髓象相似，但它们的临床表现却不一。如形态学诊断 MDS，病态造血为必需条件，但又非 MDS 所特有，还可见于多种骨髓增生性疾病和非造血组织肿瘤。

1）红细胞系增生易与溶血性贫血相混。

2）红细胞系、粒细胞系巨幼样改变易与巨幼细胞贫血相混。

3）全血细胞减少易与 AA、PNH 和免疫相关性贫血相混。

（2）有些疾病在同一时期不同部位骨髓象表现不一，如 MM、NHL 和骨髓转移癌等。应该注意在疼痛部位穿刺，或多部位穿刺。

（3）同一疾病在不同时期细胞形态表现不一，如缺铁性贫血，早期无形态学改变，以后贫血越重，呈小细胞低色素形态学改变越明显。

【思考题】

如何进行正常骨髓象分析？

（赵　蓉）

第二章 红细胞疾病检验

红细胞疾病包括血红蛋白、红细胞减少引起的贫血以及红细胞增多引起的红细胞增多症两大类疾病，其中贫血是临床常见的一种症状，可原发于造血系统疾病，也可能是某些系统疾病的表现。贫血的诊断主要包括明确是否有贫血、严重程度以及贫血的类型和病因。通过观察红细胞形态变化了解红细胞系造血水平是临床简单有效的检验项目，目前血象检验和骨髓穿刺细胞学检查是临床最常用的诊断措施，本章主要介绍临床常见各种贫血的血象和骨髓象特点。但不同类型的贫血可以有相似的形态学改变，仅靠形态学进行红细胞疾病检验是不够的，对某些贫血的病因分析还需结合其他检验指标，如铁代谢状态指标、叶酸/维生素 B_{12}测定、流式细胞术、基因分析等。对溶血性贫血患者，骨髓穿刺细胞学检查只能提出提示性诊断，确诊需做相应溶血试验。

第一节 贫血的形态学检查

各类贫血除可表现为血红蛋白量和红细胞数的降低，还常伴有外周血红细胞形态异常。贫血患者骨髓的形态学改变可表现为增生性贫血、增生不良性贫血、红系成熟障碍（无效生成）等。外周血及骨髓红细胞形态学改变的检查可有效协助诊断贫血类型。尽管形态学检查不能直接明确病因，但可为病因诊断提供线索和思路。临床上对贫血患者的血涂片和骨髓涂片应仔细观察。

实验一 缺铁性贫血骨髓象及血象观察

【实验目的】

（1）掌握缺铁性贫血（iron deficiency anemia，IDA）患者的小细胞低色素性骨髓象、血象特点。

（2）掌握 IDA 骨髓检查报告单正确书写方式。

（3）熟悉缺铁时体内有关的变化顺序及铁染色特点。

【实验器材】

（1）制备良好的缺铁性贫血骨髓片。

（2）制备良好的缺铁性贫血血片。

（3）制备良好的缺铁性贫血骨髓铁染色涂片。

【实验步骤】

参见第一章第二节实验十四。

【实验内容】

1. 骨髓象 骨髓有核细胞增生明显活跃，粒红比例减低。

红系增生，以中、晚幼红细胞增多为主。幼红细胞核质发育不平衡，以中幼红细胞尤为突出,其形态特点:“小”,胞体较正常为小;“蓝”,胞质量少而着色偏蓝,边缘不整齐,呈撕纸状或破布样;“密”,胞核小,染色质致密、深染,呈“核老质幼”表现。较易见红系分裂象,可见嗜碱性点彩、嗜多色性红细胞。成熟红细胞呈小细胞低色素性变化。

粒系除数量相对减低外,一般无异常,部分病例可见嗜酸粒细胞增多。

淋巴细胞、单核细胞和其他细胞无明显异常。

巨核细胞数量和形态无明显改变,血小板数量正常或增多,形态正常。

2. 血象　小细胞低色素性贫血。早期或轻度缺铁可以没有贫血或仅轻度贫血,形态改变不明显,严重缺铁有典型的小细胞低色素贫血血象。涂片中成熟红细胞明显大小不均,以小细胞为主,中心淡染区扩大,严重时可见环形红细胞及幼红细胞。可见嗜多色性或嗜碱性红细胞,偶见靶形、椭圆形或其他不规则形态红细胞。白细胞数量大多正常,各种白细胞比例无明显增减。血小板正常或增多,形态大致正常。

3.“核老质幼”的幼稚红细胞与小淋巴细胞的鉴别　IDA 患者中,晚幼红细胞胞体小、胞质量少、嗜碱性,容易误认为小淋巴细胞,两者鉴别要点如下(表 2-1)。

表 2-1　“核老质幼”幼稚红细胞与小淋巴细胞的鉴别

鉴别点	“核老质幼”幼红细胞	小淋巴细胞
胞体	比正常中、晚幼红细胞小,与小淋巴细胞相仿或略大,边缘不整齐	6~9μm,(类)圆形、椭圆形
胞质	较少,围绕核周,染灰蓝色、灰红色,无颗粒	常极少(位于局部),染淡蓝色;可见核周淡染区;常无颗粒,有时可有少许
胞核	圆形居中,染色质结块、副染色质明显	类圆形或有小切迹、居中或偏位,染色质结块、副染色质不明显
核仁	无	消失,有时可见假核仁

4. 骨髓铁染色　细胞外铁明显减少甚至阴性;细胞内铁阳性率减低或为 0。

【注意事项】

(1) 观察血片、骨髓片时应选择厚薄适宜的部位。如在片尾,幼稚红细胞胞体增大,胞质量似正常,甚至出现成熟红细胞淡染区消失。而在较厚部位,即使正常的幼稚红细胞也会呈缺铁样改变。

(2) 缺铁性贫血骨髓细胞形态学检查最主要的特点是幼稚红细胞“核老质幼”,成熟红细胞小细胞低色素性改变和细胞内、外铁的缺乏。应仔细观察,注意“核老质幼”的幼稚红细胞与小淋巴细胞的区别。

(3) 注意观察点彩红细胞、嗜碱性红细胞、嗜多色性红细胞、Howell-Jolly 小体及细胞分裂象等增生性贫血的骨髓象特点。

(4) 缺铁时体内铁的变化顺序:①组织铁减少,骨髓细胞外铁消失,铁粒幼细胞明显减少;②血清总铁结合力增高;③血清铁降低;④早期贫血为正细胞正色素性贫血,其后呈低色素性贫血;⑤贫血较重时呈小细胞低色素性贫血;⑥出现上皮组织缺铁症状。

(5) 由于骨髓中幼稚红细胞缺铁样改变并非是 IDA 所特有的,所以贫血的病人或怀疑为 IDA 的病人行骨髓穿刺细胞形态学检查时均要常规做骨髓铁染色,其结果显示骨髓小粒可染铁消失,铁粒幼红细胞<15%。

(6) 骨髓铁染色(细胞外铁)是诊断缺铁性贫血的较可靠指标,细胞内外铁减低而无

(明显)贫血时,提示隐性缺铁;细胞内外铁减低并有贫血时,提示为缺铁性贫血;细胞外铁正常或增多,即使细胞内铁减低,可排除缺铁所致贫血;细胞外铁减低,细胞内铁正常时,提示缺铁病人短期补铁治疗后。

(7) 书写骨髓报告单时,应将红系置首位描述,详细描述幼稚红细胞比例、形态特点和成熟红细胞的形态特点。骨髓检查不能确诊 IDA,可做出提示性诊断意见。

【病例资料】

病史:患者,女性,29 岁,因长期乏力,加重 1 个月就诊,主诉月经量多。

体格检查:贫血貌。

血常规:Hb 78g/L,RBC 3.35T/L,WBC 8.5G/L,PLT 256G/L,MCV 72fl。

【实验报告】

根据骨髓片、血片特点(图 2-1)及结合患者临床资料完成缺铁性贫血骨髓象分析报告单。

实验二 巨幼细胞贫血骨髓象及血象观察

【实验目的】

(1) 掌握巨幼细胞贫血(megaloblastic anemia,MA)骨髓象、血象形态特点。

(2) 掌握 MA 骨髓检查报告单正确书写方式。

【实验器材】

(1) 制备良好的巨幼细胞贫血骨髓片。

(2) 制备良好的巨幼细胞贫血血片。

【实验步骤】

参见第一章第二节实验十四。

【实验内容】

1. 骨髓象 骨髓有核细胞增生活跃或明显活跃,以红系增生为主,红系、粒系、巨核系三系细胞均出现巨幼变为特征(图 2-2)。

红系增生明显,粒红比例降低或倒置,正常形态的幼稚红细胞减少,各阶段巨幼红细胞明显增多,常大于 10%,其中原、早巨幼红细胞增多明显。易见核分裂象和 Howell-Jolly 小体,可见核畸形、核碎裂和多核巨幼红细胞。巨幼红细胞与同期正常形态的幼红细胞比较:巨幼细胞胞体大,胞质丰富;胞核大,染色质呈疏松网状或点网状,随着细胞的成熟,染色质也逐渐密集,但不能形成明显块状;副染色质明显,核着色较正常为浅;核、质发育不平衡,细胞质较核成熟,形成"核幼质老"现象。成熟红细胞巨大而厚,常呈卵圆形,缺乏中心苍白区,并伴有大小不均,嗜多色性或含有嗜碱性点彩、Howell-Jolly 小体或 Cabot 环等。

粒系比例相对降低,可见巨幼变,以巨晚幼粒和巨杆状核粒细胞多见。其形态特征:细胞体积增大;胞质特异性颗粒减少,着色可呈灰蓝色,部分可见空泡;胞核肿胀,粗大不规则,染色质疏松;部分分叶核粒细胞可见分叶过多,各叶大小悬殊,称为巨多叶核中性粒细胞。

巨核细胞数量多数正常或增多,少数减少,可见部分巨核细胞胞体过大,分叶过多(正常在 5 叶以下),胞质内颗粒减少,血小板生成障碍,可见巨大或形态不规则的血小板。

淋巴细胞形态一般无变化,单核细胞也可见巨幼变。

2. 血象　大细胞正色素性贫血。红细胞明显大小不均，以卵圆形大红细胞较多，并可见巨红细胞、点彩红细胞、Howell-Jolly 小体，偶见 Cabot 环及有核红细胞。

白细胞和血小板多数轻度减少，重症病例可呈全血细胞减少，网织红细胞（绝对值）减少。中性粒细胞分叶过多，分 5 叶以上的中性粒细胞可>5%，最多者可达十余叶，出现"核右移"现象。中性粒细胞"核右移"与大红细胞并存可作为巨幼细胞贫血的筛选，为巨幼细胞贫血的重要诊断依据，可见巨大血小板。

3. 巨幼细胞贫血与急性红白血病鉴别　二者均有红系增生和红系巨幼变，其细胞形态主要鉴别点见表 2-2。

表 2-2　巨幼细胞贫血和急性红白血病幼红细胞形态鉴别

鉴别点	巨幼细胞贫血	急性红白血病
细胞大小	大小较一致	大小相差悬殊
细胞形态	典型巨幼红细胞	类巨幼红细胞
核质发育	核幼质老	核幼质老或核老质幼
核染色质	细致，排列疏松	粗细不均，排列不规则
PAS 染色	阴性	阳性
幼稚粒细胞增生	少见	多见
巨核细胞减少	不明显	明显

【注意事项】

（1）注意观察嗜碱性红细胞、嗜多色性红细胞、点彩红细胞、Howell-Jolly 小体及细胞分裂象等增生性贫血的骨髓象特点。

（2）单纯粒细胞巨幼变具有重要诊断价值：为 MA 早期表现，粒系巨幼变常于红细胞形态出现巨幼变和贫血前出现；MA 患者经过治疗后，巨幼红细胞常在 48 小时后转为正常形态，而巨幼变的粒细胞常持续 1～2 周，因此可根据粒系形态做出诊断及疗效判断；当 MA 合并 IDA 时，巨幼红细胞形态常被掩盖而不明显，但粒系细胞巨幼变不被掩盖，可资鉴别；少数患者骨髓象中红系增生不良，幼红细胞少见或难见，巨核细胞明显减少，但可见较多的巨幼变粒系细胞，此时仍可根据粒系细胞的形态学改变做出诊断。

（3）巨幼细胞贫血的粒细胞、红细胞和巨核细胞三系均有病态造血，细胞内、外铁增加和骨髓无效生成，易与 MDS 混淆，应注意比较分析。若两者皆有可能，可建议临床先按巨幼细胞贫血试治观察疗效。

（4）根据骨髓象和血象并结合临床资料，可做出巨幼细胞贫血的诊断，但区别是维生素 B_{12} 缺乏还是叶酸缺乏，则需要做一些特殊的生物化学检验鉴别。

（5）书写骨髓报告单时，应将红系置首位描述，详细描述巨幼红细胞的比例、形态特点及成熟红细胞的形态特点。

【病例资料】

病历：男性，45 岁，3 年前因胃癌行全胃切除术，近 1 年来渐感头晕，乏力，活动后心慌。

血常规：Hb 58g/L，RBC 1.56T/L，WBC 3.2G/L，PLT 68G/L，MCV 126fl，RC 1.2%。

【实验报告】

根据骨髓片、血片特点及结合患者临床资料完成巨幼细胞贫血骨髓象分析报告单。

实验三　再生障碍性贫血骨髓象及血象观察

【实验目的】

(1) 掌握再生障碍性贫血(aplastic anemia,AA)的骨髓象、血象形态特点。

(2) 掌握 AA 骨髓检查报告单正确书写方式。

【实验器材】

(1) 制备良好的再生障碍性贫血骨髓片。

(2) 制备良好的再生障碍性贫血血片。

【实验步骤】

参见第一章第二节实验十四。

【实验内容】

1. 骨髓象　骨髓穿刺涂片中骨髓小粒减少,脂肪滴明显增多;骨髓有核细胞增生减低或极度减低;红系、粒系、巨核系细胞明显减少,各系原始和幼稚细胞减少或不见,以成熟或接近成熟阶段细胞为主,粒系多为分叶核粒细胞,颗粒粗重,红系主要为细胞核高度固缩,染色深而呈"炭核"的晚幼红细胞,巨核细胞明显减少或缺如;淋巴细胞相对增多,多数为着色深染的小淋巴细胞;非造血细胞增多(浆细胞、组织嗜碱细胞、网状细胞、脂肪细胞、成骨细胞、破骨细胞等);骨髓小粒呈空网架状,或为一纤维网,其中造血细胞明显减少,非造血细胞增多(图 2-3)。

2. 血象　几乎所有患者均表现全血细胞减少。贫血多为正细胞正色素性,成熟红细胞形态大致正常,无嗜多色性红细胞及有核红细胞,少数可为大细胞性贫血;白细胞计数减少,以中性粒细胞减少显著,淋巴细胞相对增多;血小板减少,形态大致正常。

3. 细胞化学染色　铁染色:细胞外铁和细胞内铁正常或增加;NAP 染色:阳性率、积分明显增加(再障越严重往往积分越高)。

4. 再生障碍性贫血与其他血液病鉴别

(1) 与急性造血功能停滞鉴别:急性造血功能停滞患者一般有原发疾病(多为溶血性贫血),血象中红细胞形态有改变,粒细胞胞质内可有中毒颗粒。骨髓象中可以见到巨大原始红细胞和巨大早幼粒细胞。而 AA 少有形态改变,原始、幼稚细胞明显减少或不见。

(2) 与 MDS 鉴别:MDS 患者可有全血细胞减少,但以病态造血为主要特征,如外周血中可见红细胞大小不均、有核红细胞、幼稚白细胞和畸形血小板。骨髓象中粒、红、巨核三系均可出现异形改变,病态细胞占各系的 10%以上。

(3) 与稀释骨髓象的鉴别:AA 骨髓穿刺液涂片后往往骨髓液稀薄,容易与穿刺混血稀释骨髓象混淆,鉴别如下(表 2-3)。

表 2-3　AA 骨髓象与稀释骨髓象的鉴别

鉴别要点	AA 骨髓象	稀释骨髓象
脂肪滴	增加	无/少
骨髓小粒	可有/可无	无
非造血细胞	易见	无/少

(4) 慢性 AA 与无发作型 PNH(阵发性睡眠性血红蛋白尿症)的形态学特征的鉴别:无发作型 PNH 骨髓象亦可呈有核细胞增生减低,粒、红、巨三系增生低下表现,与慢性 AA 相似,应注意鉴别(表 2-4)。

表 2-4　慢性 AA 与无发作型 PNH 的形态学特征的鉴别

鉴别要点	慢性 AA	无发作型 PNH
血象		
三系减少程度	平行,少有波动	可不平行,白细胞常有较大波动
白细胞分类	中性粒细胞减少,淋巴细胞增多	可基本正常
有核红细胞	无	可有
网织红细胞	减低或正常	可有轻微增高
骨髓象	有核细胞增生减低,粒、红二系显著减少,易见炭核幼红,巨核细胞消失	有核细胞增生减低,红细胞系统减少相对较轻,可见炭核幼红,巨核细胞显著减少或消失

【注意事项】

(1) 骨髓小粒结构(有核细胞数量、细胞成分)的改变是确定 AA 的重要指征,在填写报告单时要详细加以描述。AA 时骨髓小粒内造血细胞多被脂肪细胞取代,其间散布数量不等的组织嗜碱细胞;有时小粒含有一定量的中、晚幼红细胞,但还常伴有组织嗜碱细胞、浆细胞。

(2) 应注意观察 AA 患者骨髓片中的油滴情况并进行描述,同时注意与骨髓稀释加以区别。

(3) 急性 AA 的骨髓象一般比较典型,慢性 AA 的骨髓可有散在增生灶,骨髓可以出现有核细胞增生活跃(但巨核细胞明显减少或消失),需要多部位穿刺才可做出诊断,必要时可做骨髓活检。

【病例资料】

病史:男性,36 岁,1 年前患急性黄疸性肝炎,半月来乏力、发热、牙龈出血。

体检:重度贫血貌,肝、脾未触及。

血常规:Hb 56g/L,RBC 1.86T/L,MCV 92fl,WBC 2.5G/L,PLT 32G/L,RC 0.4%。

【实验报告】

根据骨髓片、血片特点及结合患者临床资料完成再生障碍性贫血骨髓象分析报告单。

实验四　溶血性贫血骨髓象及血象观察

【实验目的】

(1) 掌握溶血性贫血(hemolytic anemia,HA)的骨髓象、血象特点。

(2) 掌握溶血性贫血骨髓检查报告单正确书写方式。

【实验器材】

(1) 制备良好的自身免疫性贫血骨髓片、血片。

(2) 制备良好的 G-6-PD 缺乏症骨髓片、血片。

(3) 制备良好的 PNH 骨髓片、血片。

(4) 制备良好的遗传性球形红细胞增多症骨髓片、血片。

(5) 制备良好的珠蛋白生成障碍性贫血骨髓片、血片。

【实验步骤】

参见第一章第二节实验十四。

【实验内容】

1. 骨髓象　溶血性贫血具有共同的骨髓象特征:增生性贫血的骨髓象,有核细胞增生明显活跃,尤其是红细胞系显著代偿性增生(骨髓有核细胞25%以上),粒红比例明显降低或倒置,粒系和巨核系多无明显异常;红系以中、晚幼红细胞增多为主,原红和早幼红细胞也可成比例增加,核分裂象多见,各期幼稚红细胞形态多正常,为正常幼红细胞性增生。PNH骨髓可增生活跃或增生减低,可出现轻度病态造血。

2. 血象　溶血性贫血类型很多,从红细胞形态看溶血性贫血不一定属正细胞正色素,但有其共性:①红细胞大小不一,多为大细胞性,易见嗜多色性、嗜碱性点彩红细胞及幼稚红细胞(以晚幼红和中幼红为主),部分幼稚红细胞、成熟红细胞含有Howell-Jolly小体、Cabot环;②网织红细胞明显增高,急性溶血期可高达50%以上;③白细胞和血小板常增多,中性粒细胞可出现核左移。不同病因引起的溶血性贫血,有时会出现特殊的异形红细胞,如球形红细胞、镰形红细胞、口形红细胞、靶形红细胞、椭圆形红细胞,对病因诊断具有一定意义。

3. 临床上常见几种溶血性贫血的骨髓象、血象特点

(1) 自身免疫性溶血性贫血(AIHA):中至重度贫血,多为正细胞正色素性贫血,血涂片中易见球形红细胞,常在5%~15%。白细胞和血小板正常或轻度减少。患者如有贫血、脾大、网织红细胞增高、易见球形红细胞时,应怀疑本病(图2-4)。

(2) 葡萄糖-6-磷酸脱氢酶(G-6-PD)缺乏症:贫血多较重,红细胞呈正细胞正色素性,网织红细胞明显增高,血象可见有核红细胞。白细胞正常或增高(图2-5)。

(3) 阵发性睡眠性血红蛋白尿症(PNH):Hb重度减低,正细胞正色素性,也可呈小细胞低色素性贫血,如合并有血管内血栓形成时,血片中可见红细胞碎片,网织红细胞增高,粒细胞通常减少,血小板中度减少,半数有全血细胞减少。

(4) 遗传性球形红细胞增多症(HS):贫血程度不一,血涂片可见大量球形红细胞,通常在20%以上,网织红细胞增高,白细胞和血小板多为正常(图2-6)。

(5) 珠蛋白生成障碍性贫血:贫血程度不一,红细胞呈小细胞低色素性变化,靶形红细胞多见,常在10%以上,网织红细胞增高(图2-7)。

【注意事项】

(1) 溶血性贫血时,有时通过血象或骨髓象出现的特殊异型红细胞,对明确诊断有重要意义。如遗传性口形红细胞增多症、遗传性椭圆形红细胞增多症。因此一定要注意对特殊红细胞的观察。

(2) 溶血性贫血的病因复杂多样,更多时候还需结合其他特殊试验进行诊断,明确病因,血象或骨髓象检查及诊断有局限性,一般只能对溶血性贫血提出提示性诊断,确诊还需做溶血检查。

【病例资料】

病史:女性,35岁,出现乏力、头昏近2个月,既往有系统性红斑狼疮病史。

体检：贫血貌，巩膜可见黄染，脾肋下 1cm，尿色较深。

血常规：Hb 70g/L，RBC 2.3T/L，RC 2.2%，外周血片可见较多球形红细胞及少量靶形红细胞，血清总胆红素 42.2μmol/L，直接胆红素 5.11μmol/L。

【实验报告】

（1）根据骨髓片、血片特点及结合患者临床资料完成自身免疫性溶血性贫血骨髓象分析报告单。

（2）根据骨髓片、血片特点及结合患者临床资料完成 G-6-PD 缺乏症的骨髓象分析报告单。

（3）根据骨髓片、血片特点及结合患者临床资料完成 PNH 的骨髓象分析报告单。

（4）根据骨髓片、血片特点及结合患者临床资料完成遗传性球形红细胞增多症的骨髓象分析报告单。

（5）根据骨髓片、血片特点及结合患者临床资料完成珠蛋白生成障碍性贫血的骨髓象分析报告单。

（付书南）

第二节　贫血的病因学检查

引起贫血的病因包括：①红细胞生成减少，见于造血物质缺乏或利用障碍、骨髓造血功能障碍所致的贫血。②红细胞破坏过多，见于红细胞膜缺陷、红细胞酶缺陷、血红蛋白异常、免疫因素、理化因素等所致的溶血性贫血。③红细胞丢失过多，见于各种原因所致的急、慢性失血性贫血。贫血的实验室诊断步骤包括确定是否有贫血、确定贫血的程度、确定贫血的病因。本节主要介绍引起贫血常见病因中临床常用的实验室检查。

实验五　血清铁蛋白测定

【实验目的】

掌握固相放射免疫法测定血清铁蛋白的实验原理、实验方法、注意事项、临床意义及方法学评价。

【实验原理】

血清铁蛋白（serum ferritin，SF）测定常采用固相放射免疫法。将待测血清铁蛋白（待检抗原）、^{125}I 标记铁蛋白（标记抗原）与限量兔抗人铁蛋白（抗体）混合温育，利用待测抗原和标记抗原对抗体竞争结合抑制作用原理，除去未结合的过多的标记抗原，并分离抗原抗体复合物后，测定其放射性，与剂量反应曲线对照，即可计算出待测血清铁蛋白的浓度。

【实验器材】

1. 试剂

（1）0.1mol/L pH 7.4 磷酸盐缓冲液（PBS）：内含 2%EDTA-2Na 和 0.1%牛血清蛋白（BSA）。

（2）兔抗人铁蛋白血清（一抗）：按试剂说明书稀释备用。

（3）铁蛋白标准液：用 PBS 将铁蛋白标准品稀释成 0μg/L、5μg/L、10μg/L、20μg/L、40μg/L、80μg/L、160μg/L、320μg/L，4℃保存备用。

(4) ^{125}I 标记铁蛋白标准液:用时按照试剂说明书加入 PBS 量,使其每分钟放射脉冲数(cpm)达 50 000~60 000cpm(计数器计数效率 70%),4℃保存备用。

(5) 分离剂:含羊抗兔 IgG 抗体(二抗)、14%聚乙二醇(PEG)的 PBS 溶液。

2. 器材 放射免疫测量仪、塑料试管、半对数坐标纸、微量加样器。

【实验步骤】

(1) 取 10 mm×75 mm 塑料试管 10 支,编号,非特异性结合管(NSB)、测定管均应设置重复管,加入样品和试剂(表 2-5),或按试剂说明书要求进行操作。

(2) 加分离剂 PEG 后充分混匀,3000r/min,离心 15min,弃上清液,在放射免疫测量仪上测定每管放射性,记录各管的 cpm 值。

表 2-5 血清铁蛋白测定操作步骤

加入物(μl)	NSB	标准管(μg/L)								测定管
		0	5	10	20	40	80	160	320	
PBS	400	200	200	200	200	200	200	200	200	200
铁蛋白标准液	–	100	100	100	100	100	100	100	100	–
待测血清	–	–	–	–	–	–	–	–	–	100
兔抗人铁蛋白血清	–	100	100	100	100	100	100	100	100	100
^{125}I 铁蛋白	100	100	100	100	100	100	100	100	100	100
充分混匀,37℃,3h,中间摇动 2 次										
羊抗兔 IgG 抗体	100	100	100	100	100	100	100	100	100	100
混匀,室温放置 30min										
PEG	100	100	100	100	100	100	100	100	100	100

【实验结果】

1. 计算

(1) 按下式分别计算各标准管、测定管的结合率。NSB 和测定管取 2 管均值:

$$(B/B_0)\% = (B-NSB) \div (B_0-NSB) \times 100\%$$

B:标准管、测定管 cpm 值;B_0:标准管最大 cpm 值。

(2) 以标准管结合率为纵坐标,标准管浓度为横坐标,在半对数坐标纸上绘制剂量反应曲线(即标准曲线)。

2. 结果判断 根据剂量反应标准曲线及测定管的结合率值查对,即可确定待测血清铁蛋白浓度。

3. 参考范围

成年男性:(15~200)μg/L;女性:(12~150)μg/L 。

【注意事项】

(1) 标本采集后应立即分离血清,置冰箱储存,避免溶血,以免影响结果测定。

(2) 加样量要准确,应使用同一微量加样器完成标准液、待测血清、^{125}I-铁蛋白及标准血清的加样。

(3) ^{125}I 标记铁蛋白标准液禁忌冰冻存放,试剂盒应在 4℃保存。

（4）如标本铁蛋白含量大于500μg/L时，需以PBS应用液将标本作1∶2、1∶4或1∶8稀释再行测定，以最小稀释度在剂量反应曲线所对应的血清铁蛋白浓度值上乘以稀释倍数，即为其实际含量。

（5）每次检测必须做标准管和非特异性吸附管，并应设复管平行测定，取均数计算。

（6）操作过程及废物处理需按照放射免疫法（RIA）的国家规定要求进行。

【临床意义】

（1）SF减少：见于缺铁性贫血、失血、慢性贫血等铁缺乏症。SF测定可作为孕妇和儿童铁营养状况的流行病学调查指标。

（2）SF增高：见于肝病、血色病、频繁输血、急性感染、铁代谢障碍性贫血等。临床上SF增高可作为肝脏疾病、恶性肿瘤等的辅助诊断指标。

【方法学评价】

（1）血清铁蛋白的检测，除RIA法外，还有化学发光法、ELISA法，都有商品化试剂盒。RIA法敏感性和重复性好但存在试剂有效期短和辐射污染等问题；化学发光免疫分析法既有化学发光的高度灵敏性，又有微粒结合的特异性，同时克服了RIA法的试剂问题，但其成本相对偏高；ELISA法简便、易行，但易受温度、酸碱度变化的影响。

（2）SF含量可准确反映体内铁储存情况，与骨髓铁染色结果有良好的相关性。SF测定与骨髓铁染色均为缺铁性贫血早期诊断的主要指标，SF低于14μg/L可作为缺铁依据，其诊断符合率达95.5%。

【思考题】

（1）影响血清铁蛋白测定的因素有哪些，如何消除其对实验的影响？

（2）绘制剂量反应曲线应注意什么问题？

（3）临床上选择血清铁蛋白测定有何意义？

实验六　血清（红细胞）叶酸检测

【实验目的】

掌握固相放射免疫法检测血清和红细胞叶酸的实验原理、实验方法、注意事项、临床应用及方法学评价。

【实验原理】

叶酸盐对蛋白质有高亲和力，蛋白质可特异性地与叶酸盐结合。用放射性竞争性蛋白结合法，将受检者血清与放射标记的叶酸竞争结合一定量的结合蛋白，用吸附剂去除游离的标记或未标记叶酸后，检测其放射活性，查标准竞争抑制曲线，即可得出叶酸含量。

【实验器材】

1. 试剂

（1）0.77mg/ml牛奶叶酸结合剂。

（2）pH 8.0的0.05mol/L硼酸盐-Ringer缓冲液（B-R缓冲液）。

（3）N-5-甲基四氢叶酸（MTHFA）：每0.1ml工作标准液中含1000 pg MTHFA。

（4）^{3}H标记的蝶酰谷氨酸（PGA）：特异活性应大于740 GBq/mmol。

（5）2.52 mmol/L维生素C。

(6) 葡萄糖包被活性炭(DCC)。

2. 器材 放射免疫测量仪、旋涡振荡器、冰箱。

【实验步骤】

(1) 取试管9支并编号,其中标准管6支,每管中含0.1ml B-R缓冲液(含维生素C)MTHFA,浓度分别为0pg、62.5pg、125pg、250pg、500pg、1000pg测定管,质控血清、NSB管均做重复管。

(2) 加入以下各组分(表2-6),或按试剂说明书要求进行操作。

表2-6 血清叶酸测定操作步骤

加入物(μl)	质控管	NSB	标准管(pg/0.1ml)						测定管
			0	62.5	125	250	500	1000	
B-R缓冲液	450	600	400	400	400	400	400	400	450
含维生素的B-R缓冲液	200	200	200	200	200	200	200	200	200
MTHFA标准液	-	-	100	100	100	100	100	100	-
患者血清	-	-	-	-	-	-	-	-	50
质控血清	50	-	-	-	-	-	-	-	-
牛奶结合剂	100	-	100	100	100	100	100	100	100
旋涡混匀,25℃30min,4℃再孵育60min									
^{3}H-PGA	100	100	100	100	100	100	100	100	100
旋涡混匀,4℃孵育30min									
DCC	400	400	400	400	400	400	400	400	400
旋涡混匀,4℃孵育30min									

(3) 将上清液转入闪烁瓶内,加入10ml闪烁液。

(4) 在专用的淬灭校正的β-粒子闪烁计数器上测定各反应管cpm值。

(5) 红细胞叶酸盐(RCF)检测

1) 将全血收集于用无离子水稀释(1:10)的EDTA液中,放置30min后,冻融2次。

2) 取50μl溶血液如上法测定后,计算溶血液的叶酸浓度,乘以10即得全血的叶酸盐(WBF)浓度,再用公式计算出RCF。

【实验结果】

1. 结果计算

(1) 用各管cpm值计算标准管与测定管的结合率(B/B_0)%值,公式如下:

$$(B/B_0)\% = (B-NSB) \div (B_0-NSB) \times 100\%$$

B:标准管、测定管cpm值;B_0:标准管最大cpm值。

(2) 以标准管结合率为纵坐标,标准管浓度为横坐标制作剂量反应曲线。

(3) 血清叶酸计算:根据所得的剂量反应曲线,用插入值法计算受检血清叶酸的浓度。

(4) 红细胞叶酸计算:

$$RCF = WBF - SF(1 - PCV/100) \div (PCV/100)$$

注:SF,血清叶酸盐(serum folacin);PCV,血细胞比容。

2. 参考范围

(1) 血清叶酸:成年男性8.61~23.8nmol/L。

成年女性 7.93~20.4nmol/L。

(2) 红细胞叶酸:成人 340~1020nmol/L。

【注意事项】

(1) 血清中叶酸盐水平随食物的摄入而改变,因而应空腹采血。

(2) 血液可采用肝素抗凝,所用容器应洁净;因全血中 95%的叶酸在红细胞内,故应避免因溶血导致的结果异常。

(3) 操作应标准化,要求使用材料不含各种叶酸盐衍生物,以免影响结果的准确性。

【临床意义】

降低见于:①巨幼细胞贫血。②叶酸拮抗剂的使用,如甲氨蝶呤治疗白血病时。③维生素 B_{12}缺乏。④红细胞过度增生,叶酸利用率增加,如溶血性贫血、骨髓增殖性疾病等。

【方法学评价】

(1) 血清叶酸检测有化学发光法、RIA、ELISA 法。RIA 法测定血清(红细胞)叶酸方法可靠、快速、精确,且可同时检测维生素 B_{12}与叶酸盐。化学发光法及 ELISA 法的优缺点同血清铁蛋白测定。

(2) 叶酸结合蛋白(FBP)对于叶酸的吸收、转运和储存具有重要的意义,FBP 增加提示体内叶酸盐储存减少,对可疑恶性贫血或巨幼细胞贫血测定血清叶酸盐比测定红细胞叶酸盐更重要。

(3) 红细胞内的叶酸盐比血清中浓度高,测定其指标更能反映组织中叶酸的储存,身体组织内叶酸已缺乏但尚未发生巨幼细胞贫血时,红细胞叶酸测定对于判断叶酸缺乏与否更有价值。

【思考题】

(1) 简述放射免疫分析法检测血清(红细胞)叶酸的基本原理。

(2) 影响血清和红细胞叶酸测定的因素有哪些,如何消除其对实验的影响?

(3) 血清和红细胞叶酸测定的临床应用有哪些方面?

实验七 血清维生素 B_{12}检测

【实验目的】

掌握放射免疫法检测血清维生素 B_{12}的实验原理、实验方法、注意事项、临床应用及方法学评价。

【实验原理】

根据竞争结合的原理,用已知量标记有放射活性的维生素 B_{12}加受检者无放射活性 B_{12}血清,二者与结合蛋白竞争结合,检测其放射活性,其放射活性与受检血清 B_{12}含量成反比,与标准管作对照,换算出血清维生素 B_{12}含量。

【实验器材】

1. 试剂

(1) 0.1mol/L pH 7.4 磷酸盐缓冲液:主要含 0.2% EDTA-2Na、0.1%BSA 及 0.05%NaN_3。

(2) 维生素 B_{12}标准液:0 ng/L、100 ng/L、200 ng/L、400 ng/L、1000 ng/L、2000ng/L。

(3) ^{57}Co-维生素 B_{12}标记品:使用时加入 PBS 10ml,使成 50 000~60 000cpm(计数器计数效率为 70%),4℃下保存。

(4) 抗维生素 B_{12}抗体:加入 PBS 溶解。

(5) 29% PEG6000:用 PBS 配制。

(6) 载体蛋白:混合新鲜血清。

2. 器材 放射免疫测量仪、塑料试管、半对数坐标纸、微量加样器、离心机等。

【实验步骤】

(1) 取静脉血 2ml,待血液完全凝固后,3000r/min,离心 10min,分离血清。

(2) 按以下组分(表 2-7)操作,测定管、NSB 管均做重复管检测;或按试剂说明书要求进行操作。

(3) 然后,振动 3min,3000 r/min,离心 15min,吸弃上清液,在放射免疫测量仪上测沉淀 cpm 值。

表 2-7 血清维生素 B_{12}放射免疫测定操作步骤

加入物(μl)	NSB	标准管(ng/L)						测定管
		0	100	200	400	1000	2000	
标准液	—	100	100	100	100	100	100	—
稀释液	200	—	—	—	—	—	—	—
被检血清	—	—	—	—	—	—	—	100
^{57}Co-VB_{12}	100	100	100	100	100	100	100	100
抗 VB_{12}抗体	—	100	100	100	100	100	100	100
充分混匀,37℃孵育 30min								
PEG	400	400	400	400	400	400	400	400
稀释液	—	—	—	—	—	—	—	100
载体蛋白	100	100	100	100	100	100	100	100

【实验结果】

1. 结果计算

(1) 用各管 cpm 值计算标准和测定管的结合率(B/B_0)%值,公式如下:

$$(B/B_0)\% = (B\text{-}NSB) \div (B_0\text{-}NSB) \times 100\%$$

B 为标准管、测定管 cpm 值;B_0为标准管最大 cpm 值。

(2) 以(B/B_0)%为纵坐标,标准品浓度为横坐标,在半对数坐标纸上绘制剂量反应曲线。

(3) 依测定管的(B/B_0)%值,查剂量反应曲线,即可得出被检血清维生素 B_{12}浓度。

2. 参考范围 成人 148~660 pmol/L。

【注意事项】

(1) 由于进食后可增高血液中维生素水平,因而应空腹采血。

(2) 检测维生素 B_{12}时可用血清也可用血浆,但不宜用肝素抗凝,因肝素有与维生素 B_{12}结合的能力。

(3) 高浓度的氰化物和维生素 C 能破坏维生素 B_{12}，因而，操作中应避免在血样中加入大量的氰化物和维生素 C，以免影响结果的准确性。

(4) 维生素 B_{12}对光解作用敏感，操作中应避免过度的光照。

【临床意义】

维生素 B_{12}降低见于巨幼细胞贫血、恶性贫血、脊髓侧束变性、髓鞘障碍症等。白血病时维生素 B_{12}明显增高，真性红细胞增多症、某些恶性肿瘤和肝细胞损伤时也可增加。为确定维生素 B_{12}缺乏的原因，可做维生素 B_{12}吸收试验。

【方法学评价】

维生素 B_{12}测定有化学发光法、RIA 法、ELISA 法。化学发光法特异性、灵敏度、准确性都高，测定时间短，优于后两者，但测定成本稍高。RIA 法试剂有效期短，存在有辐射污染等问题。由于维生素 B_{12}和叶酸在代谢上关系密切，因此，临床上维生素 B_{12}和叶酸常同时测定。

【思考题】

(1) 影响放射免疫分析法的因素有哪些，操作中应注意哪些问题？

(2) 为什么临床上维生素 B_{12}和叶酸常同时测定？

(3) 维生素 B_{12}检测各种方法的标本要求有哪些？

实验八　红细胞渗透脆性试验

【实验目的】

掌握红细胞渗透脆性试验的实验原理、实验方法、注意事项、临床意义及方法学评价。

【实验原理】

红细胞对低渗盐溶液(NaCl)具有一定抵抗力，这种抵抗力与红细胞表面积与容积的比值有关，其大小可用使红细胞呈一定程度溶血的盐溶液浓度高低来衡量。红细胞对低渗溶液的抵抗力越大，红细胞越不易破裂，其渗透脆性低；反之，红细胞对低渗溶液抵抗力越小，红细胞则越易破裂，其渗透脆性增加。将红细胞悬浮于不同浓度低渗盐溶液中，在一定时间内观察溶血程度，即为红细胞渗透脆性试验(osmotic fragility test)。

【实验器材】

1. 试剂　5g/L NaCl 溶液、蒸馏水。

2. 器材　试管架、小试管、刻度吸管、注射器等。

【实验步骤】

(1) 取小试管 12 支，编号，分别加入氯化钠溶液和蒸馏水，配制成不同浓度的 NaCl 溶液(表 2-8)。

表 2-8　红细胞渗透脆性试验 NaCl 溶液配制

加入物(ml)	1	2	3	4	5	6	7	8	9	10	11	12
NaCl 浓度(g/L)	2.4	2.8	3.2	3.6	4.0	4.4	4.8	5.2	5.6	6.0	6.4	6.8
NaCl 浓度(mmol/L)	41.0	47.9	54.7	61.6	68.4	75.2	82.1	88.9	95.8	102.6	109.4	116.3
171.1mmol/L NaCl 溶液	0.3	0.35	0.4	0.45	0.5	0.55	0.6	0.65	0.7	0.75	0.8	0.85
蒸馏水	0.95	0.9	0.85	0.8	0.75	0.7	0.65	0.6	0.55	0.5	0.45	0.4

(2) 抽取被检者静脉血 1ml,不加抗凝剂,于每管中直接加入 1 滴血(中度以上贫血的标本加 2 滴),轻轻摇匀,室温下静置 2h 后,观察结果。

(3) 按照步骤(1)和步骤(2)的方法完成正常人全血对照样本的检测。

【实验结果】

1. 结果判断　从高浓度开始观察,上层溶液开始出现透明红色者为开始溶血管,溶液为透明红色且管底红细胞完全消失者为完全溶血管,分别记录开始溶血管和完全溶血管的 NaCl 浓度。

2. 参考范围

开始溶血:4.4~4.8g/L。

完全溶血:2.8~3.2g/L。

【注意事项】

(1) 氯化钠必须干燥后准确称量,接近中性,不可被酸、碱污染。临用前现配,配制后保存于密闭玻璃瓶中。

(2) 每次试验需做正常对照,其结果应在正常范围内,被检者与正常对照开始溶血管的 NaCl 溶液浓度相差 0.4g/L 以上有诊断价值。

(3) 所有器具要干燥,血标本应直接滴入溶液中,混匀时不能用力过大,以避免出现假阳性。

(4) 在白色背景下观察结果,对完全溶血管难判断时,可自试管底部吸取 1 滴悬液在显微镜下观察是否存在有未溶解的红细胞。

(5) 重度贫血患者红细胞太少,黄疸患者开始溶血管不易观察,均可取肝素抗凝血以生理盐水洗涤后,再用生理盐水配成 50%的红细胞悬液进行检测。

(6) 抗凝血液标本最好选用肝素,应避免用枸橼酸盐、草酸盐和 EDTA 盐抗凝血,以防增加离子强度。

【临床意义】

(1) 脆性增加:主要见于遗传性球形红细胞增多症、椭圆形红细胞增多症和部分自身免疫性溶血性贫血伴球形红细胞增多者。

(2) 脆性降低:主要见于珠蛋白生成障碍性贫血、血红蛋白 C、D、E 病,低色素性贫血、脾切除术后、肝脏疾病等。

【方法学评价】

本实验为红细胞膜缺陷常用的过筛试验,方法简单实用,但要严格控制血量(血液和 NaCl 溶液之比约为 1:25)和防止血标本因其他原因而发生溶血,否则易影响试验的准确度。

【思考题】

(1) 简述红细胞膜的结构特点,何谓红细胞的渗透脆性?

(2) 影响红细胞渗透脆性试验的因素有哪些?

(3) 请解释红细胞渗透脆性试验的结果及临床意义。

(李新岳)

实验九　高铁血红蛋白还原试验

【实验目的】

掌握高铁血红蛋白还原试验(methemoglobin reduction test, MHb-RT)的原理、方法、注意事项、操作和临床意义。

【实验原理】

高铁血红蛋白还原试验是利用亚硝酸盐使血液中红细胞内的亚铁血红蛋白变成褐色高铁血红蛋白(MHb),当红细胞葡萄糖-6-磷酸脱氢酶(glucose-6-phosphate dehydrogenase, G-6-PD)含量正常时,在磷酸戊糖旁路途径代谢生成的NADPH(还原型辅酶Ⅱ)作用和递氢体亚甲蓝的参与下,MHb被还原为红色的亚铁血红蛋白。当G-6-PD缺乏时,红细胞由于NADPH生成减少或缺乏,MHb不被还原或还原的速度显著减慢。通过比色原理测定溶液颜色的变化可间接反映红细胞G-6-PD的活性。

【实验器材】

1. 试剂

(1) 0.18 mol/L亚硝酸钠(含5%葡萄糖)混合溶液:亚硝酸钠1.25g、葡萄糖5g,蒸馏水溶解,加至100ml,置棕色瓶内4℃保存。

(2) 0.4 mmol/L亚甲蓝溶液:取0.015g亚甲蓝(含3个结晶水)加少量蒸馏水研磨,待溶解后转移到100ml容量瓶中,用蒸馏水定容至100ml,混匀后过滤备用。

(3) 0.02mol/L磷酸盐缓冲溶液(pH 7.4):取磷酸氢二钠229.5mg、磷酸二氢钾52.2mg,加蒸馏水溶至100ml。

(4) 反应液:取0.18 mol/L亚硝酸钠(含5%葡萄糖溶液)混合溶液1份与0.4 mmol/L亚甲蓝溶液1份,充分混合。

2. 器材　分光光度计、水浴箱、离心机、吸管、试管等。

【实验步骤】

(1) 取枸橼酸钠抗凝血2ml,加入20mg葡萄糖,混匀后以1500r/min离心5min,弃去部分血浆,调整血细胞与血浆比例为1∶1后混匀待用。

(2) 取上述处理后的血标本1ml,加反应液0.1ml,颠倒混合15次,使之与空气中氧气充分接触。

(3) 加塞后37℃水浴(或孵箱)3h,同时将以上未加反应液的血标本为对照同样置于37℃ 3h。

(4) 取孵育后混匀的待检标本0.1ml,加入0.02mol/L的磷酸盐缓冲液(pH 7.4)10ml,混匀,放置2min,以磷酸盐缓冲液调零,用分光光度计在波长635nm处比色,记录该检测液吸光度值为*SA*。

(5) 取未加反应液的孵育标本0.1ml,加入0.02mol/L的磷酸盐缓冲液(pH 7.4)10ml,混匀放置2min,相同波长下比色,记录该空白对照吸光度为*B*。

(6) 再于上述液体中加入亚硝酸钠葡萄糖(含5%葡萄糖溶液)混合液1滴,混匀放置5min后比色,记录该吸光度值为*ST*,此为高铁血红蛋白对照。

【实验结果】

1. 结果计算

$$\text{高铁血红蛋白还原率}(\%) = 1-\frac{SA-B}{ST-B}\times 100(\%)$$

注：公式中 *ST−B*、*SA−B* 分别为还原前和还原后高铁血红蛋白的吸光度。

2. 结果判断　根据上述计算公式及各反应管测定的吸光度值，可计算出高铁血红蛋白还原率。

3. 参考范围　健康人：外周血高铁血红蛋白还原率≥75%；脐血高铁血红蛋白还原率≥77%。

【注意事项】

（1）贫血患者应将红细胞比容调整在 0.35～0.40，若红细胞比容过低可致高铁血红蛋白还原率降低。

（2）取孵育后的血标本进行下一步操作时应充分混合，否则可能导致高铁蛋白还原率超过 100%。

（3）不稳定血红蛋白、HbH、高脂血症等均可出现假阳性结果，可将反应液离心后用上清液比色。

（4）细菌污染可产生亚硝酸盐，造成假阳性，故应保证分析检测的试管无菌。

（5）因草酸盐具有还原性，不宜作为本试验的抗凝剂。标本宜选用枸橼酸钠或 ACD 保养液抗凝，4℃可保存 1 周左右。需准确控制抗凝剂比例（ACD 保养液与血液体积比为 0.15∶1），ACD 保养液用量不宜太多，否则可因 pH 降低致高铁血红蛋白还原速度减慢，出现假阳性结果。

（6）测定吸光度时波长应准确，一般要求 ST 值应大于 B 值的 8 倍以上。

【临床意义】

蚕豆病和伯氨喹林型溶血性贫血患者的 G-6-PD 活性下降或缺乏，高铁血红蛋白还原率下降，中间缺乏者（杂合子）为 31%～74%（脐血为 41%～46%），严重缺乏者（纯合子）<30%（脐血<40%）。

【方法学评价】

本试验是国内较常用的方法，其简便易行，尤其适用于基层医院开展。但不稳定血红蛋白、血红蛋白 H 病、巨球蛋白血症、高脂血症等可产生假阳性结果，故本实验仅作为 G-6-PD 缺乏的过筛试验。

【思考题】

（1）高铁血红蛋白还原实验反映红细胞中哪一类物质的活性？

（2）本试验检测标本不宜选用哪一类抗凝剂，为什么？

实验十　葡萄糖-6-磷酸脱氢酶活性检测

【实验目的】

掌握 WHO 推荐 Zinkhan 法葡萄糖-6-磷酸脱氢酶（G-6-PD）活性检测的实验原理、方法、注意事项、操作和临床意义。

【实验原理】

红细胞中 G-6-PD 能催化 6-磷酸葡萄糖（G-6-P）转化成 6-磷酸葡萄糖-δ-内酯（6-PG），在此反应中由 $NADP^+$转变的 NADPH 在 340nm 处有一吸收峰，通过测定 $NADP^+$在单位时间内还原成 NADPH 的量，可估测红细胞内 G-6-PD 的活性。

【实验器材】

1. 试剂

（1）溶血素：取毛地黄皂苷16mg溶于80ml蒸馏水，过滤后再加入1mg NADP。

（2）3.8mmol/L NADP：NADP钠盐（$NADP\text{-}Na_2$）0.29g，加入蒸馏水100ml。

（3）0.5mol/L Tris缓冲液（pH 7.5）：取Tris 6.05g于70ml蒸馏水中，以HCl调节pH至7.5，加蒸馏水至100ml。

（4）0.63 mol/L氯化镁溶液：取1.28g氯化镁溶于100ml蒸馏水中。

（5）33 mmol/L G-6-P液：取0.931g G-6-P钠盐溶于100ml蒸馏水中。

（6）生理盐水。

2. 器材　分光光度计、水浴箱、离心机、试管。

【实验步骤】

（1）取抗凝血2ml，用生理盐水洗涤红细胞3次（1500r/min离心10min），除去上清液和乳白层（主要为白细胞和血小板），加入等体积生理盐水制成红细胞悬液。

（2）吸取上述红细胞悬液0.05ml加入溶血素0.5ml，混匀后静置10min，待完全溶血作为溶血液，测定其血红蛋白浓度。

（3）于1cm光径的石英比色杯中按表2-9完成加样。

表2-9　G-6-PD活性测定操作表

加入物(ml)	对照管	测定管
3.8mmol/L NADP液	0.1	0.1
0.5mol/L Tris缓冲液(pH 7.5)	0.1	0.1
0.63mol/L氯化镁液	0.1	0.1
蒸馏水	0.68	0.58
33mmol/L G-6-P液	—	0.1
37℃预热		
溶血液	0.02	0.02

（4）立即将比色杯内反应液置340nm处测定吸光度，以对照管调零，37℃恒温，每分钟测定并记录1次吸光度的变化，一般测定不超过15min。

【实验结果】

1. 结果计算

$$\text{G-6-PD活性(U/gHb)} = \Delta A/\text{min} \times \frac{1000}{6.22} \times \frac{1020}{20} \times \frac{1}{\text{Hb(g/L)}}$$

注：ΔA/min为每分钟吸光度的平均变化值；

1000/6.22为微摩尔消光系数；

1020/20为总容量与溶血液的量之比；

Hb为溶血液所测的Hb浓度。

2. 参考范围　健康人G-6-PD活性（Zinkhan法）：（12.1±2.09）U/g Hb。

【注意事项】

（1）室温下G-6-PD活性会下降，故溶血液制备后应立即测定。如不能立即测定，应将其置于0~4℃，且储存时间不超过6h。

（2）所用试剂至少为分析纯，且配置好的试剂应冷藏保存，存放时间不宜超过2周。

（3）缓冲液的pH、试剂及溶血液加入量、测定时间均应准确。

（4）肝素抗凝血应在12h内完成测定，ACD抗凝血可冷藏保存3~5天。

【临床意义】

（1）G-6-PD缺乏症患者红细胞G-6-PD酶活性降低。

（2）药物反应（伯氨喹林、磺胺吡啶乙酰苯胺等）及感染者红细胞G-6-PD酶活性也降低。

（3）新生儿的红细胞和网织红细胞内G-6-PD酶活性较成人升高。

【方法学评价】

本方法对诊断G-6-PD缺乏有较高特异性和敏感度，但需有20%~30%的G-6-PD缺乏红细胞才能呈现结果异常。本方法需恒温分光光度计，试剂较贵，如无此条件的实验室可选用四唑氮蓝定量法测定G-6-PD活性。

【思考题】

（1）G-6-PD活性检测有哪些影响因素？如何避免这些因素对实验的影响？

（2）G-6-PD活性检测对G-6-PD缺乏症的诊断有什么意义？

实验十一　血红蛋白电泳

【实验目的】

掌握血红蛋白电泳实验的原理、方法、注意事项、操作和临床意义。

【实验原理】

不同血红蛋白的等电点不同，当其处于一定pH缓冲液时带不同电荷，若血红蛋白等电点小于缓冲液的pH时带负电荷，电泳时在电场中泳向阳极；反之，血红蛋白带正电荷泳向阴极。在一定电压下经过一定时间电泳，不同血红蛋白因其所带电荷不同、分子质量不同，其泳动方向和速度不同，可分离出各种相应区带。通过对电泳产生的各区带进行比色或扫描，可实现对各种血红蛋白的相对定量分析。一般最常用的是碱性（pH 8.6）环境下以乙酸纤维素薄膜为支持物的电泳，对血红蛋白病的筛查有重要价值。

【实验器材】

1. 试剂

（1）缓冲液

1）pH 8.6 TEB缓冲液（浸膜缓冲液）：称取Tris 10.29g、EDTA 0.6g、硼酸3.2g，先加适量蒸馏水溶解，并最终定容至1000ml。

2）硼酸盐缓冲液（电泳缓冲液）：称取硼砂6.87g、硼酸5.56g，先加适量蒸馏水溶解，并最终定容至1000ml。

（2）染液及漂洗液

1）丽春红S染液：丽春红S 0.1g，二氯乙酸1.4g，加蒸馏水至100ml；漂洗液为3%乙酸溶液。

2）联苯胺染液：联苯胺0.1g，溶于10ml的甲醇中，加入500ml缓冲液（冰乙酸1.2ml，结晶乙酸钠0.8g，加蒸馏水至500ml），混匀于4℃保存。临用时，取30ml上液再加入1滴30%过氧化氢溶液和1滴5%亚硝基铁氰化钠溶液）；漂洗液为蒸馏水。

3）氨基黑染液：氨基黑 10B 1g、磺基水杨酸 10g、冰乙酸 20ml，加蒸馏水至 400ml。漂洗液为乙醇-冰乙酸混合液（乙醇 45ml、冰乙酸 5ml 加蒸馏水至 100ml）。

（3）四氯化氮。

2. 器材　电泳仪、水平式电泳槽、分光光度计、离心机、乙酸纤维素薄膜等。

（一）异常血红蛋白筛查

【实验步骤】

1. 血红蛋白液制备　取肝素抗凝血 3ml，1500r/min 离心 10min，弃血浆，再用生理盐水洗涤红细胞 3 次（1000r/min，离心 10min），再 3000r/min 离心 10min，弃上清液，在制取的压积红细胞中加入等体积蒸馏水，充分振摇，再加入 0.5 倍体积（相对于压积红细胞）的四氯化碳，用力振摇，2200r/min 离心 10min，离心后上清液即为血红蛋白液。

2. 浸膜　将乙酸纤维素薄膜剪成 3cm×8cm 纸条，浸入 pH 8.6 TEB 缓冲液中，待薄膜完全浸透（约 10min）后取出薄膜，用滤纸吸去多余缓冲液。

3. 点样　用薄玻片或废 X 线胶片蘸取上述制备的血红蛋白液（3～5μl），垂直点样到乙酸纤维素薄膜（无光泽面）距一端 1.5cm 处。

4. 电泳　将等量硼酸盐缓冲液分别倒入电泳槽两侧，用棉纱布搭桥铺于电泳槽两侧支架上，将已点样的乙酸纤维素薄膜安放在电泳槽支架的纱布上，无光泽面向下，点样端置于负极，平衡 5min 后接通电源，调节端电压至 200～250V、电流 0.3～0.4mA/cm，电泳 20～30min。

5. 染色　可选择丽春红染料、联苯胺染料或氨基黑染料进行染色。

（1）丽春红染色：将电泳后的薄膜浸入丽春红 S 染液中浸泡 10min，再移入 3%乙酸液中漂洗至背景为无色，将薄膜取出贴于玻片上，干燥后肉眼观察。

（2）联苯胺染色：将电泳后的薄膜用 10%磺柳酸溶液固定 3min，充分水洗后，浸于联苯胺染液中，待蓝色区带显现至清晰后，取出用蒸馏水漂洗净，观察电泳结果。

（3）氨基黑染色：将电泳后的薄膜浸入氨基黑染液中，染色 30min，移入漂洗液中浸泡漂洗，更换漂洗液数次，至背景干净为止，观察电泳结果。

（二）HbA_2定量及其他异常血红蛋白定量测定

【实验步骤】

1. 电泳　血红蛋白液制备、浸膜、电泳同前，点样量为 10μl。

2. 染色　方法同前（多用氨基黑染色）。

3. 洗脱　将 HbA、HbA_2和与 HbA_2大小相当的空白带分别剪下，如有异常区带（如 HbH）也应同样剪下放入试管内，分别加入 10ml、2ml 和 2ml 的 0.4mol/L NaOH 溶液浸泡，不时轻轻振摇，待血红蛋白完全洗脱下来后，混匀试管内洗脱液。

4. 比色　将以上洗脱液用空白带管调零，用分光光度计在波长 600nm 处测定各管吸光度。

【实验结果】

1. 结果计算

$$HbA_2(\%)=\frac{HbA_2\text{ 管吸光度}}{HbA\text{ 管吸光度}\times 5+HbA_2\text{ 管吸光度}}\times 100\%$$

$$\text{异常血红蛋白}(\%)=\frac{\text{异常血红蛋白管吸光度}}{HbA\text{ 管吸光度}\times 5+HbA_2\text{ 管吸光度}+\text{异常血红蛋白管吸光度}}\times 100\%$$

2. 结果判断　根据电泳后乙酸纤维素薄膜电泳条带的分布及条带洗脱比色结果，可初步判定样本的 Hb 是否有病理改变及特征。

3. 参考范围　pH 8.6 TEB 缓冲液乙酸纤维素薄膜电泳结果见图 2-8。

正常血红蛋白电泳区带：HbA>95%、HbA_2为 1.0~3.1%、HbF<2%。

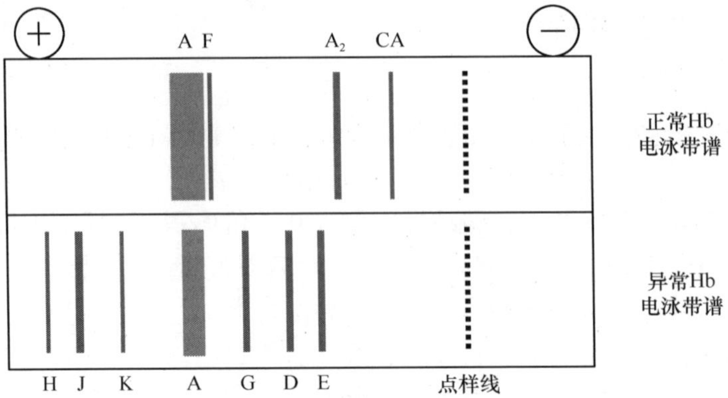

图 2-8　血红蛋白电泳图谱

【注意事项】

(1) 点样量不宜过多，否则色带易脱落或染色不透，可出现 HbA 相对增高的假阳性结果。

(2) 电泳时间不能太长，否则区带易扩散导致条带模糊，故观察到 HbA 和 HbA_2清晰分开就应停止电泳。

(3) 电泳时乙酸纤维素薄膜不能变干。避免乙酸纤维素薄膜被蛋白质污染。

(4) 应选择合适的电流强度，过高热效应高；电流强度过低，样品泳动速度慢易使电泳条带扩散，一般控制电流强度为 0.4~0.6mA/cm 膜宽度。

(5) 试验需同时做正常人和必要的已知异常血红蛋白标本的对照。

(6) 染色和漂洗时间与气温有关，温度低时，时间应长一些，同时洗脱要完全；温度高时，洗脱时间不宜过长，避免影响结果观察与测定。

(7) 电泳后为避免染色不透的影响，可不进行染色，而直接剪下各血红蛋白区带，用蒸馏水洗脱，于 415nm 波长比色。

【临床意义】

(1) 异常血红蛋白筛查：通过与正常人血红蛋白电泳图谱进行比较，可发现异常血红蛋白区带，如 HbH、HbE、HbBarts、HbS、HbD 和 HbC 等区带，为血红蛋白异常疾病诊断提供实验依据。

(2) HbA_2轻度增高(4%~8%)，多见于 β-珠蛋白合成障碍性贫血，为 β-珠蛋白生成障碍性贫血的重要实验室诊断指标。HbA_2轻度增加还可见于巨幼细胞贫血、恶性贫血、不稳定血红蛋白、肝病、肿瘤和其他血液病。若 HbA_2显著增高(幅度在>10%)，提示为 HbE 病。

【方法学评价】

(1) 血红蛋白电泳为定性试验，可以检测各种正常和异常血红蛋白的存在和相对含量。方法简便易行，不需特殊试剂和仪器。除对轻型 β-珠蛋白生成障碍性贫血的诊断有意义外，也可在有异常血红蛋白带出现时作初步估计。

(2) pH 8.6 TEB 缓冲液适用于检出 HbA、HbA_2、HbS、HbC，但 HbF 不易与 HbA 分开，HbH 与 HbBarts 不能分开和显示，应再选择其他缓冲液进行电泳分离。

(3) 约 1/3 的异常血红蛋白可用 pH 8.6 乙酸纤维素薄膜电泳分离检出，其余许多异常血红蛋白在常规电泳中不能与 HbA 分离，故 pH 8.6 乙酸纤维素薄膜电泳未分离出异常血红蛋白区带时，不能完全排除异常血红蛋白的存在，可通过等电聚焦电泳、高效液相层析等技术提高检出率。

【思考题】

(1) 血红蛋白电泳的原理是什么？

(2) pH 8.6 的乙酸纤维素薄膜电泳适用于检测哪些异常血红蛋白？

实验十二　抗碱血红蛋白检测

【实验目的】

掌握抗碱血红蛋白检测的原理、方法、注意事项及其临床意义。

【实验原理】

胎儿血红蛋白(HbF)具有比 HbA 更强的抗碱作用。将待检的溶血液与一定量的碱性(NaOH 或 KOH)溶液混合，碱变作用后加入半饱和硫酸铵中止反应。HbF 抗碱变性作用强，不易变性而存在于上清液中，其他血红蛋白可变性沉淀。过滤分离沉淀，取滤液于 540nm 处测定吸光度，检测出抗碱血红蛋白的浓度。此试验也称为碱变性试验。除 HbF 外，HbBarts 和部分 HbH 也具有抗碱能力，需通过电泳鉴别。

【实验器材】

1. 试剂

(1) 0.083mol/L NaOH 或 KOH 溶液：经定标后置于聚乙烯瓶内，4℃冰箱内保存。

(2) 酸性半饱和硫酸铵溶液：硫酸铵饱和溶液加入等体积的蒸馏水，再加入 1 mol/L HCl 溶液 2ml。

2. 器材　漏斗、滤纸、计时器、试管、刻度吸管及分光光度计。

【实验步骤】

(1) 取抗凝血按实验十一血红蛋白电泳的方法制备血红蛋白液。

(2) 取 0.083mol/L NaOH 或 KOH 溶液 1.6ml 于测定管内，置 25℃水浴中放置 10min。

(3) 加入 0.1ml 血红蛋白液后立即开始计时，并迅速摇动。准确碱化 1min 后立即加入 3.4ml 酸性半饱和硫酸铵溶液，迅速颠倒混匀 6 次，过滤后取滤液检测吸光度(A)，以蒸馏水调零后在分光光度计 540 nm 波长处比色，记录实验结果。

(4) 取 20ml 蒸馏水加入 10%血红蛋白液 0.1ml 作为对照管，相同条件下测定吸光度(B)。

【实验结果】

1. 结果计算

$$\text{抗碱血红蛋白}(\%)=\frac{\text{测定管吸光度}(A)}{\text{对照管吸光度}(B)\times 4}\times 100\%$$

2. 参考范围　2 岁以上的正常人<2%；新生儿可高达 40%以上。

【注意事项】

(1) 碱溶液浓度、碱化时间和碱化温度应准确。

(2) 血红蛋白液应新鲜制备,并在当天内完成测定,否则会形成高铁血红蛋白,其可被碱变性,使测定结果偏低。

(3) 滤液必须清澈透明,否则会影响比色的结果。滤液应在过滤后 1 h 内完成比色。

(4) 每份标本应重复测定提高准确性。每次检测均应做正常对照。

【临床意义】

(1) HbF 生理性增多:孕妇和新生儿期 HbF 会增多。

(2) HbF 绝对增多:珠蛋白生成障碍性贫血时 HbF 增加,轻型者小于 5%,中型者5%~30%,重型者 30%~90%。遗传性胎儿血红蛋白持续性综合征 HbF 可以高达 100%。

(3) HbF 相对增多:白血病、骨髓纤维化、浆细胞瘤等恶性疾病及再生障碍性贫血、PNH、卟啉病等均可出现相对 HbF 增多。

【方法学评价】

本试验重复性较好,除 HbF 外尚有一些抗碱能力强的血红蛋白,可导致该试验结果升高,因而需结合血红蛋白电泳分析来提高结果的可靠性。

【思考题】

抗碱血红蛋白测定试验的影响因素有哪些?

(张亚莉)

实验十三　异丙醇试验

【实验目的】

掌握异丙醇试验的实验原理、方法、注意事项和临床意义。

【实验原理】

不稳定血红蛋白较正常血红蛋白更容易裂解,在异丙醇这种能降低血红蛋白分子内部氢键的非极性溶剂中,不稳定血红蛋白更快地沉淀。通过观察血红蛋白液在异丙醇中的沉淀现象可对不稳定血红蛋白进行筛检。

【实验器材】

1. 试剂

(1) 0. 1mol/L Tris 缓冲液(pH 7. 4):取 Tris 1. 21g 溶于少量蒸馏水中,滴加 1mol/L 盐酸溶液调节 pH 至 7. 4,加蒸馏水至 100ml。

(2) 17%(*V/V*)异丙醇缓冲液:取 17ml 异丙醇加入上述 Tris 缓冲液至 100ml,充分混匀,加塞后于 4℃冰箱内保存。

2. 器材　水浴箱、4℃冰箱等。

【实验步骤】

(1) 取抗凝血按实验十一血红蛋白电泳的方法制备血红蛋白液。

(2) 于试管中加入 17%异丙醇缓冲液 1ml,在 37℃水浴中预热 20~30min。

(3) 加入新制备的血红蛋白液 0. 1ml,混匀,盖紧试管盖并记录时间,置 37℃水浴,分别于 5、10、20、30min 观察。

【实验结果】

强阳性：5min 内混浊，20min 内出现大块的沉淀为（++++）。

弱阳性：20min 内只出现混浊为（+）。

介于上述两者之间为（++）或（+++）。

阴性：30min 内澄清透明的为（-）。

【注意事项】

（1）试剂的预温时间充分，并且严格控制水浴的温度。

（2）标本应新鲜配制，避免因血红蛋白氧化成高铁血红蛋白而导致假阳性。

（3）溶血液的浓度应合适，血红蛋白浓度应小于 100g/L，血红蛋白浓度过低可导致出现假阴性。

（4）严格控制异丙醇溶液的浓度（17%）和温度（37℃），pH 不能低于 7.2。

（5）可选取正常人血标本和脐血标本作为试验的阴性对照和阳性对照。

【临床意义】

（1）不稳定血红蛋白病的患者试验常于 5min 内出现浑浊，20min 开始出现绒毛状沉淀。

（2）在 HbE、HbF、HbH 含量大于 4%、G-6-PD 缺乏、α-珠蛋白合成障碍性贫血时均可出现阳性的结果。

【方法学评价】

本实验特异性较差，易出现假阳性。试验结果阳性只能表明存在不稳定血红蛋白，因而本试验作为不稳定血红蛋白的过筛试验，需做进一步检查。

【思考题】

（1）异丙醇试验的实验原理和临床意义是什么？

（2）进行异丙醇试验时应该注意些什么？

实验十四　酸化血清溶血试验

【实验目的】

掌握酸化血清溶血试验的原理、方法、注意事项和临床意义。

【实验原理】

由于阵发性睡眠性血红蛋白尿症（paroxysmal nocturnal hemoglobinuria，PNH）患者的红细胞膜有缺陷，对补体的敏感性增加，能被正常血清所溶解，特别是在酸性（pH 6.4~6.5）血清的条件下，经过 37℃的孵育，溶血更加明显。

【实验器材】

1. 试剂

（1）0.25 mol/L HCl 溶液。

（2）0.85%的 NaCl 溶液。

2. 器材　试管、试管架、玻璃珠、三角烧瓶、水浴箱、离心机。

【实验步骤】

（1）抽取患者静脉血 5~8ml。取下针头后将血轻轻注入装有小玻璃珠的三角烧瓶内，然后轻轻摇动三角烧瓶,至纤维蛋白析出,血液不再凝固为止。

表 2-10 酸化血清溶血试验步骤

加入物(ml)	待测管	对照管
健康人血清	0.5	0.5
50%患者红细胞悬液	0.025	-
50%健康人红细胞悬液	-	0.025
0.25mol/L HCl	0.5	0.5

(2) 将去纤维蛋白血液倾入试管中,低速离心沉淀,分离血清和红细胞。

(3) 将红细胞用生理盐水洗涤 3 次,配成 50%的红细胞悬液。

(4) 用同样方法制备与患者同型或 AB 型正常人血清和 50%红细胞悬液。

(5) 按表 2-10 进行操作。

(6) 两管均加塞,置 37℃水浴箱 1h。

(7) 直接观察或低速离心后观察两管有无溶血现象。

【实验结果】

1. 结果判断 溶血为阳性;不溶血为阴性。

2. 参考范围 正常人为阴性。

【注意事项】

(1) 本试验不能使用抗凝血,因为抗凝剂会阻碍溶血,降低敏感性,出现假阴性,因而常用去纤维蛋白的血液。

(2) 血清酸化后应立即塞紧管口,以防二氧化碳逸出。

(3) 血清要新鲜,以免补体失活,造成假阴性。

(4) 实验器皿需清洁干燥,采血针头不宜太细,红细胞悬液要直接滴入液体,不要沿管壁流下,以免导致产生溶血。

【临床意义】

(1) 阳性结果主要见于 PNH。

(2) 某些自身免疫性溶血性贫血患者偶然可见阳性。

(3) 健康人呈阴性,但是如果患者有过多次输血,其血中所含补体敏感红细胞相对减少,可呈弱阳性或阴性。

(4) 球形红细胞在酸化血清内可呈假阳性。

【方法学评价】

本实验是确诊 PNH 最基本的实验,敏感性高,特异性强,假阳性少,只有酸化血清后实验才呈现阳性。

【思考题】

酸化血清溶血试验的原理和临床意义是什么?

(杭建峰)

实验十五 CD55、CD59 检测

【实验目的】

(1) 掌握 CD55、CD59 检测的原理、方法、注意事项和临床意义。

(2) 熟悉 CD55、CD59 检测的操作及结果判断。

【实验原理】

阵发性睡眠性血红蛋白尿患者血细胞膜表面糖化肌醇磷脂(glycosyl phosphatidyl inosital-anchor,GPI)连接蛋白异常,导致调节细胞对补体敏感性的 GPI 锚连接蛋白 CD55(退变加速因子)及 CD59(反应性溶血性膜抑制物)不能连接于血细胞膜上,导致使细胞膜对补体敏感性增强而引起溶血。用荧光标记的抗 CD55 及 CD59 的单克隆抗体为探针,可在流式细胞仪上检测红细胞和(或)粒细胞 CD55 及 CD59 的表达,从而辅助诊断 PNH。

【实验器材】

1. 试剂

(1) 荧光标记的特异性单克隆抗体:抗人 CD55(CD55-FITC)和抗人 CD59(CD59-FITC)。

(2) 磷酸盐缓冲液。

(3) 1%多聚甲醛溶液。

(4) 溶血剂:取 80.2g NH_4Cl(1.5mol/L)、8.4g $NaHCO_3$(0.1mol/L)、3.7g EDTA · 2Na(10mmol/L)加蒸馏水 900ml,用 NaOH 或 HCl 调节溶液 pH 为 7.4,加蒸馏水定容至 1L,该液为储存液,可于 4℃保存半年,临用时 10 倍稀释。

2. 器材　流式细胞检测仪、离心机、漩涡振荡器、流式细胞仪专用试管、加样器等。

【实验步骤】

1. 红细胞 CD55/CD59 检测

(1) 标本采集:采集待检者空腹外周静脉血 1ml,以 EDTA 或肝素抗凝。

(2) 取 2 支流式细胞仪专用检测管,分别标记 CD55 和 CD59。

(3) 对应标记分别加入 CD55-FITC 及 CD59-FITC 抗体试剂 10μl。

(4) 于上述标记 CD55 和 CD59 的检测管中加入待测血液样本 100μl,避光室温静置 15min。

(5) 于上述检测管中加入 2~3ml 的 PBS,混匀后以 1500r/min 离心 5min。

(6) 弃上清液,加入 1%多聚甲醛溶液 500μl,静置 5min,流式细胞仪待检(若不能马上检测,将待检样品置 2~8℃避光保存,24h 内完成检测)。

(7) 调校流式细胞仪,设置 CD55-FITC/CD59-FITC 的直方图,在 FSC/SSC 线性图上设置红细胞门。

(8) 在上机检测时收获 10 000~20 000 个细胞,以正常标本为阳性对照,采集信号将 CD55-FITC 或 CD59-FITC 的阳性峰值调至 10^4左右。

2. 粒细胞 CD55/CD59 检测

(1) 标本采集及处理:采集待检者空腹外周静脉血 1ml,加入等体积的溶血剂,室温放置 5min。1500r/min 离心 5min,弃上清,用 PBS 洗涤 1 次,最后用 PBS 将细胞浓度调整为(3000~10000)个/μl。

(2) 取 2 支流式细胞仪专用检测管,分别标记 CD55 和 CD59。

(3) 对应标记,分别加入 CD55-FITC 及 CD59-FITC 抗体试剂 20μl。

(4) 于上述检测管中分别加入待测血液样本 100μl, 避光室温静置 15min。

(5) 向试管中加入 2~3ml 的 PBS,混匀,1500r/min 离心 5min。

(6) 弃上清液,加 1%多聚甲醛 500μl,静置 5min,流式细胞仪待检(若不能马上检测,将待检样品置 2~8℃避光保存,24h 内完成检测)。

(7) 调校好流式细胞仪,设置 CD55-FITC/CD59-FITC 的直方图。在 FSC/SSC 对数图上设置粒细胞门。

(8) 在上机检测时收获 10 000~20 000 个细胞,以正常标本为阳性对照,采集信号将 CD55-FITC 或 CD59-FITC 的阳性峰值调至 10^4左右。

【实验结果】

1. 实验结果 正常人红细胞 CD55、CD59 及粒细胞 CD55、CD59 表现为单一阳性峰。

2. 参考范围 红细胞 CD55、CD59 及粒细胞 CD55、CD59 阳性细胞群百分比分别为:CD55>97%,CD59>97%。

【注意事项】

(1) 加样需准确,加入溶血剂后应使红细胞溶解彻底。

(2) 细胞群的设门应合理、准确。

(3) 每次检测必须同时做正常人的对照。同时应做荧光标记抗人 IgG 的同型对照。

(4) 注意试剂及样品的保存温度,未开瓶的试剂于 2~8℃ 保存,可在有效期内保持稳定,稀释的试剂于 2~8℃ 可稳定 2 周。

【临床意义】

用于再生障碍性贫血和 PNH 的鉴别诊断和分型诊断。PNH 时 CD55 和 CD59 阳性细胞群百分比明显减低或缺如。

【方法学评价】

本试验是诊断 PNH 特异性和敏感性最高且可定量的检测方法。

【思考题】

CD55、CD59 检测对 PNH 的诊断有什么临床意义?

(张亚莉)

第三章　白细胞疾病检验

白细胞疾病的检验主要包括对白细胞形态、功能和免疫标记的检测，其中临床上应用最多的是白细胞形态的检查。本章主要介绍临床上常见白血病和其他白细胞疾病的骨髓细胞学检查，是每位临床检验工作者必须掌握的技能。

第一节　白血病细胞形态学检查

骨髓细胞形态学检查是诊断急性白血病(acute leukemia，AL)最重要的方法。本节主要介绍急性白血病的骨髓象及血象观察。

实验一　急性淋巴细胞白血病骨髓象及血象观察

【实验目的】

(1) 掌握原始、幼稚淋巴细胞的形态学特点。

(2) 熟悉原始、幼稚淋巴细胞和成熟淋巴细胞的划分标准。

(3) 了解急性淋巴细胞白血病(acute lymphocytic leukemia，ALL)各亚型的特点。

【实验器材】

(1) ALL 骨髓片。

(2) ALL 血片。

(3) ALL 细胞化学染色骨髓片(POX、PAS)。

【实验步骤】

参见第一章第二节实验十四。

【实验内容】

FAB 协作组以形态学为依据将 ALL 分为三种亚型：ALL-L1、ALL-L2、ALL-L3；WHO 将 ALL 分为急性 T 淋巴细胞型白血病与急性 B 淋巴细胞型白血病。ALL 的骨髓象、血象特点及诊断要点见表 3-1。

表 3-1　ALL 的骨髓象、血象特点及诊断要点

检查内容	特　点
骨髓象	淋巴细胞系异常增生；原始、幼稚淋巴细胞>25%；粒细胞系及红细胞系不同程度减少；巨核细胞系增生受抑
血象	Hb、RBC 多呈不同程度减低；分类见原、幼淋巴细胞；血小板计数减少
细胞化学染色	白血病细胞 POX 阳性<3%；α-NAE、NAS-DAE 染色呈阴性或弱阳性，加氟化钠不抑制；NAS-DCE 染色呈阴性；PAS 呈阳性反应，形态为粗粒状、串珠状或块状
诊断要点	原始、幼稚淋巴细胞>25%；白血病细胞 POX 阳性<3%

【注意事项】

(1) 选择片子较薄、细胞分布均匀、细胞结构清楚的部位进行分类计数和观察。

(2) 细胞分裂象有助于细胞系列的判断,淋巴细胞系的染色体一般粗、短。

(3) 书写骨髓报告单,首先要详细描述白血病细胞特点:包括胞体大小、形态;胞核形态、胞核位置、核染色质结构、核仁(有无、数量、大小、清晰度);胞质量、颜色、胞质内颗粒(大小、数量、颜色)、空泡有无,有无特殊结构并应说明涂抹细胞等情况。

(4) 形态学诊断 ALL 时,必须结合细胞化学染色,最好采用 MICM 分型确诊。

【病例资料】

病史:头昏、四肢无力 6 个月,曾按贫血治疗,但不正规。

体查:贫血貌,皮肤有散在出血点,无黄疸、肝、脾及淋巴结肿大。

血常规:Hb 50g/L,WBC 2.6G/L,PLT 44G/L,骨髓检查结果见图 3-1。

临床诊断:全血细胞减少原因?

【实验报告】

(1) 结合患者资料及骨髓片、血片特点写一份 ALL 骨髓细胞形态学检查报告单。

(2) 写出本次实验体会及讨论。

【思考题】

急性淋巴细胞白血病骨髓象的诊断要点有哪些?

实验二 急性髓细胞白血病骨髓象及血象观察

急性髓细胞白血病(acute myeloid leukemia,AML)又称急性非淋巴细胞白血病(acute non-lymphocytic leukemia,ANLL),是成人急性白血病中常见类型,其白血病细胞的系列属性和形态均呈明显的异质性。

【实验目的】

(1) 掌握典型 AML 白血病细胞的形态特点。

(2) 熟悉 AML 骨髓片及血片的基本特点。

(3) 了解 AML 亚型的鉴别要点。

【实验器材】

(1) AML 骨髓片。

(2) AML 血片。

(3) AML 细胞化学染色骨髓片(POX、PAS)。

【实验步骤】

参见第一章第二节实验十四。

【实验内容】

1. FAB 分型 以形态学为根据,将 AML 分为 M0、M1、M2、M3、M4、M5、M6、M7 八个亚型(表 3-2)。

表 3-2　FAB 分型中各类型分型标准

类型	分型标准
M0	骨髓原始细胞≥90%(NEC);胞质无嗜天青颗粒,MPO 及苏丹黑 B 阳性细胞<3%;电镜下 MPO 阳性,CD33 及 CD13 可阳性,淋系抗原阴性,但可有 CD7、TdT 阳性
M1	骨髓中原粒细胞(Ⅰ+Ⅱ型)≥90%(NEC),其中至少有 3%MPO 及苏丹黑染色阳性,早幼粒细胞很少,中幼粒细胞以下阶段不见或罕见
M2	M2a 骨髓中原粒细胞(Ⅰ+Ⅱ型)占 30%~90%(NEC),单核细胞<20%,早幼粒细胞 以下至中性分叶核粒细胞>10%;M2b 原始粒细胞及早幼粒细胞增多,且以异常形态的中性中幼粒细胞为主,此类细胞>30%
M3	骨髓中以异常的颗粒增多的早幼粒细胞增生为主,>30%(NEC),多数>50%,且形态较一致,原始粒细胞及中幼粒细胞以下各阶段细胞较少。根据颗粒大小可分为 M3a(粗颗粒型),M3b(细颗粒型)
M4	按粒系和单核细胞系形态不同,包括以下四种类型。M4a:骨髓中以原始粒细胞及早幼粒细胞为主,原始、幼稚、成熟的单核细胞≥20%(NEC)。M4b:骨髓中以原始单核细胞及幼稚单核细胞为主,原始粒细胞、早幼粒细胞>20%(NEC)。M4c:骨髓中原始细胞既具有粒细胞系统的特点,也具有单核细胞系统的特点,此类细胞比例>30%。M4Eo:除上述特点外,嗜酸粒细胞比例增多,>5%~30%,形态学上除胞质中有典型的嗜酸颗粒外,可夹杂少许嗜碱颗粒
M5	可分为以下两种亚型,M5a:骨髓中原始单核细胞≥80%(NEC),胞体大小可不一致。M5b:骨髓中原始、幼稚单核细胞>30%(NEC)但原始单核细胞应<80%
M6	骨髓中红细胞系统>50%,且伴有形态学的异常,呈巨幼样变;原始粒细胞(或原始、幼单核细胞)>30%(NEC);若外周血中原始粒细胞(或原始、幼单核细胞)>5%(NEC),则骨髓中原始粒细胞(或原始、幼单核细胞)>20%(NEC)
M7	外周血中有原始巨核细胞(小巨核细胞),骨髓中原始巨核细胞≥30%,且此类巨核细胞能被单克隆抗体或电镜所证实。骨髓中细胞可减少或干抽。病理活检有原始巨核细胞等巨核细胞增生,且有网状纤维的增生

2. WHO 对 AML 分型　分为伴有重现性细胞遗传学异常的 AML、伴有多系异常增生的 AML、治疗相关性 AML/MDS、不能按上述分类的 AML 四大类。

WHO 分型是将以前以形态学为主的分类系统与新近出现的科学资料结合起来,将细胞遗传学、临床特征与形态学、细胞化学、免疫表型联合应用统一在一个分类系统方案中,并以此来界定不同病种。WHO 分型与 FAB 分类的最大不同点:把原始细胞诊断 AML 下限定得更低(原始细胞≥20%,可诊断为 AML 的任一亚型),将 AML 分为有独特临床和生物学特点的亚型。应用 WHO 分型标准诊断 AML 程序见图 3-2。

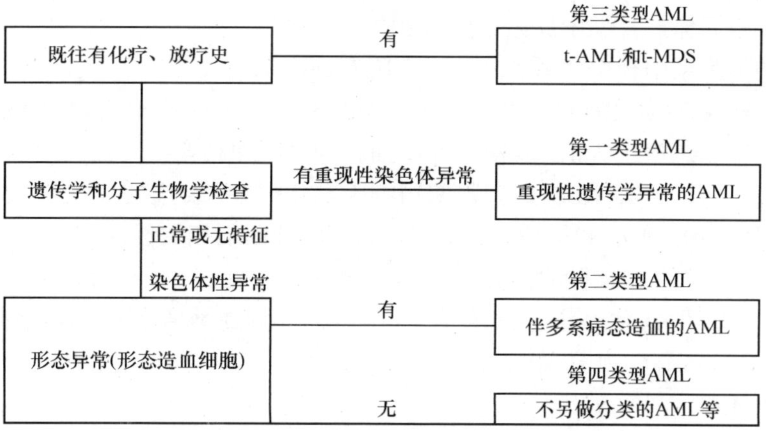

图 3-2　WHO 分型标准诊断 AML 的程序

WHO 对 AML 分型:

(1) AML 伴有重现性细胞遗传学易位

1) AML 伴有 t(8;21)、(q22;q22)、(AML1/ETO)。

A. 骨髓中原始粒细胞及早幼粒细胞明显增多(少数原始粒细胞可<20%),以异常的中幼粒细胞增生为主,形态学表现:中幼粒细胞明显核浆发育不平及 Auer 小体易见。

B. 细胞遗传学和分子生物学检查有 t(8;21)、(q22;q22)核型异常和(或)有 AML1/ETO 融合基因阳性。

C. 细胞化学染色:原始细胞 MPO、SBB 染色均呈阳性或强阳性反应;氯乙酸 AS-D 萘酚酯酶(CAE)阳性。

2) APL [AML 伴有 t(15;17)、(q22;q12)、(PML/RARa)及变异型]。

A. 骨髓以异常早幼粒细胞增生为主,常 90%以上。

B. 形态学表现:多数病例异常早幼粒细胞:胞质中有粗大、密集、融合嗜天青颗粒并常掩盖所有细胞结构,含 Auer 小体,并呈柴捆状;核形异常,典型者呈 8 字形、双核、蝴蝶状及哑铃形等。

C. 细胞化学染色:原始细胞 MPO、SBB、CAE 均呈强阳性或阳性。α-乙酸萘酚酯酶(α-NAE)可呈阳性反应,但不被氟化钠抑制。PAS 染色呈弥散状阳性反应。α-NBE 染色阴性。

D. 细胞遗传学和分子生物学检查:显示 t(15;17),(q22;q12)核型异常和(或)有 PML/RARa 融合基因阳性及变异型存在。形成的 PML/RARa 融合基因是本病特异性遗传学标志。

3) AML 伴 inv(16)、(p13;q22)或 t(16;16)、(p13;q22)、(CBF/MYH11)。

A. 可以髓系肉瘤为首发表现或复发时唯一表现。

B. 细胞形态、细胞化学染色似 M4 型,但骨髓各阶段异常嗜酸粒细胞不同比例增多(有时<5%)。

C. 细胞化学染色:CAE 异常嗜酸粒细胞阳性,正常嗜酸粒细胞为阴性。

D. 细胞遗传学和分子生物学检查:显示 inv(16)、(p13;q22)或 t(16;16)、(p13;q22)、(CBF/MYH11),是本病特异性标志。

(2) 多系病态造血 AML

1) 治疗前外周血或骨髓中原始细胞≥20%。

2) 伴有髓细胞系中至少两系≥50%的细胞有病态造血。

3) 可无先期 MDS 或 MDS/MPD 的初发者,或继发于 MDS 或 MDS/MPD 的演进。

4) 伴有多系病态造血 AML:需检测肿瘤细胞的分子遗传学。

(3) 治疗相关性 AML/MDS:此型曾使用细胞毒化疗和(或)放射治疗所致。分烷化剂/放射治疗相关性 AML/MDS 和拓扑异构酶 II(TopoII)抑制剂相关性两类。

(4) 不另做分类的 AML(NOC-AML):不符合前三种亚群中任一诊断标准或无法获得遗传学结果的 AML 划分为此类型;诊断 AML 所需的外周血或骨髓中原始细胞基数标准定为≥20%;将 NOC-AML 分为 10 个类型。

1) 微分化 AML

A. 粒细胞系异常增生,原始粒细胞未发育成熟,分化极差,胞质呈不同程度嗜碱,无颗粒,核圆形,核染色质疏松细致,核仁明显。

B. 其他有核细胞增生明显受抑。

C. 细胞化学染色：原始细胞 MPO 及 SBB 为阴性，若有阳性应<3%；PAS、NSE 阴性。

2）未成熟 AML

A. 粒细胞系异常增生，原始粒细胞≥90%，早幼粒细胞很少，中幼以下阶段细胞常<10%。多数病例白血病细胞形态较一致，核染色质均匀为粒状，胞质量较少，可见 Auer 小体。其他系统细胞少见或缺乏，尤其是巨核细胞，更是如此。

B. 细胞化学染色：原始粒细胞分化差者 MPO 呈阴性，但至少有 3%的原始粒细胞 MPO 或 SBB 阳性；a-NAE 阴性。

3）伴成熟 AML

A. 粒细胞系异常增生，原始粒细胞≥20%，早幼粒以下阶段细胞>10%，单核细胞<20%。此型细胞分化较好，各阶段粒细胞系均可见，有时有白血病裂孔现象 Auer 小体常见。红细胞系、巨核细胞系受抑。

B. 细胞化学染色：原始细胞除原始粒细胞分化差呈阴性外，其余 MPO、SBB 均呈阳性反应；CAE 呈阳性反应；PAS 原始细胞阳性反应多为弥散细小的颗粒；a-NAE 可呈较弱阳性反应，且不被氟化钠抑制。

4）急性粒单核细胞白血病

A. 粒细胞系、单核细胞系异常增生，在骨髓和外周血中同时存在不同比例两种细胞。

B. 骨髓中原始细胞≥20%，粒细胞及其前体细胞和单核细胞及其前体细胞各占骨髓细胞≥20%，外周血单核系细胞常>5G/L。

C. 细胞化学染色：MPO、SBB 原始、幼稚单核细胞呈阴性或较弱阳性；原始粒细胞多为阳性。α-NAE 原始和幼稚细胞呈阳性，其中原始粒细胞不被氟化钠（NaF）抑制，而原始单核细胞可被 NaF 抑制。

5）急性原始单核细胞/急性单核细胞白血病

A. 单核细胞系异常增生≥80%（包括原始单核细胞、幼单核细胞和单核细胞），根据细胞分化程度的不同表现为：①髓原始单核细胞≥80%诊断急性原单核细胞白血病，此类幼稚单核细胞较少，偶见细长 Auer 小体。②骨髓原始、幼稚及单核细胞之和≥80%诊断急性单核细胞白血病，形态不规则，变化多样，可见细长的 Auer 小体。③两者的粒细胞系<20%，红细胞系、巨核细胞系受抑。

B. 细胞化学染色：原始细胞 MPO、SBB 呈阴性或弱阳性，急性单核细胞白血病的弱阳性比急性原始单核细胞白血病多。PAS 反应为阴性或弥散细小的阳性颗粒或呈粉红色阳性反应。a-NAE 呈阳性，可被 NaF 抑制。其中 α-丁酸萘酚酯酶（a-NBE）染色诊断价值较大。

6）急性红白血病：骨髓中红细胞系异常增生，根据是否有明显的其他髓系细胞成分分两型：

A. 红细胞系/粒单核细胞系白血病：骨髓中红细胞系前体细胞占骨髓全部有核细胞≥50%，伴其他髓系原始细胞≥20%（占非红细胞系）。

B. 纯红系白血病：为骨髓红细胞系前体细胞≥80%，而髓系原始细胞则极少见。幼红有核浆发育不平、核碎片、微核、巨型核及多核等异常形态。

C. 细胞化学染色：PAS 染色幼红细胞常有较强阳性，为粗大颗粒或块状，中晚幼红为弥散细小阳性颗粒。原粒细胞 MPO、SBB 呈阳性。

7）急性原始巨核细胞白血病

A. 骨髓中原始细胞≥20%，其中≥50%原始细胞为巨核细胞系。

B. 原始巨核细胞胞体大且大小不等，呈多形性，胞质量多，呈深蓝色，不透明，着色不均，可见空泡，呈云雾状，核有呈靴形样改变，有时周围有血小板附着，染色质密集粗粒状，核仁多模糊，隐约可见。另可见部分分化好的巨核细胞。外周血中见原始巨核细胞、小巨核细胞、巨核细胞碎片。

C. 此类原始巨核细胞需用免疫分型和或电镜细胞化学血小板过氧化物酶阳性证实。若骨髓“干抽”，需有骨髓活检，经免疫组化证实有原始巨核细胞增多。

D. 细胞化学染色：PAS 染色原始细胞常有较强阳性。α-NAE 呈阳性，MPO 及 SBB 为阴性。

8）急性嗜碱粒细胞白血病：免疫表型，表达 CD13、CD33、CD34、HLA-DR，可有 CD9、TdT 阳性，但淋系特异性标志阴性。

9）急性全髓增殖症伴骨髓纤维化：免疫表型，呈异质性，原始细胞可表达一种或多种髓系抗原，如 CD13、CD33、CD117、MPO，亦可表达红系，巨核系抗原，如 CD41、CD61、FⅧAg、血型糖蛋白 A 和血红蛋白 A。

10）髓系肉瘤：免疫表型，粒细胞肉瘤表达 CD13、CD33、CD117、MPO；原单核细胞肉瘤表达 CD14、CD11b、CD11c、溶菌酶和 CD68；髓系肉瘤多表达 CD43；对来源不明的 CD34 阳性、CD3 阴性应考虑髓系肿瘤，进一步检测 MPO、溶菌酶和 CD61 等更特异性标志。

【注意事项】

（1）选择片子较薄、细胞分布均匀、细胞结构清楚的部位进行分类计数和观察。

（2）对急性白血病骨髓片进行有核细胞计数分类时，若涂片不佳应该采取多点分类计数。

（3）AML 诊断有条件者要采用 MICM 分型。

（4）形态学诊断 AML 时，必须结合细胞化学染色。AML 细胞化学染色特点：①POX 染色呈阴性或阳性率>3%；②α-NAE、NAS-DAE 染色呈阳性或弱阳性，加氟化钠粒系不抑制，单核系抑制；③NAS-DCE 染色粒系呈阳性；④PAS 染色阳性，不同类型反应形态不一。

【病例资料 1】

病史：间断鼻血、牙龈出血 10^+ 天。

体查：体形偏瘦，贫血貌，双肺呼吸音粗，肝脾肋下未扪及，其他无特殊。

血常规：Hb 65g/L，WBC 83G/L，PLT 14G/L。骨髓细胞学检查结果见图 3-3。

临床诊断：两系血细胞减少待查。

【病例资料 2】

病史：发热 1 周，腿部见瘀斑 2 天。

体格检查：右腿部散在瘀斑，腋窝、腹股沟淋巴结肿大，胸骨压痛明显，心肺无特殊，肝脏未扪及，脾肋下一指。

血常规：Hb 55g/L，WBC 2.3G/L，PLT 3G/L。凝血功能：PT 17 秒，APTT 89 秒，D-D 阳性；骨髓细胞学检查结果见图 3-4。

临床诊断：全血细胞减少原因。

【实验报告】

（1）结合患者资料及骨髓片、血片特点撰写两份 AML 骨髓细胞形态学检查报告单。

（2）本次实验体会及讨论。

【思考题】

急性早幼粒细胞白血病的诊断要点有哪些？

实验三　慢性粒细胞白血病骨髓象及血象观察

【实验目的】

（1）掌握慢性粒细胞白血病（chronic myelogenous leukemia，CML）慢性期骨髓片、血片的基本特点。

（2）熟悉慢性粒细胞白血病（CML）三个时期的特点。

（3）了解 CML 和其他白血病的区别。

【实验器材】

（1）CML 骨髓片。

（2）CML 血片。

（3）CML 细胞化学染色骨髓片（NAP）。

【实验步骤】

参见第一章第二节实验十四。

【实验内容】

1. 分期　CML 按照自然病程分为慢性期、加速期和急变期。三期形态学主要划分依据原始细胞多少和嗜碱粒细胞比值。各期 CML 骨髓象、血象特点、化学染色及诊断要点见图 3-5，表 3-3。

表 3-3　各期 CML 血象、骨髓象特点及诊断要点

分期	骨髓象	血象	化学染色	诊断要点
慢性期	增生多为极度活跃；粒细胞异常增生，原始细胞<10%，以中性中幼、晚幼、杆状核粒细胞为主；嗜酸/嗜碱粒细胞较易见；幼红细胞明显减少；巨核细胞系早期明显增生	白细胞数常显著增高，原始细胞<10%，以中性中幼粒以下阶段为主；嗜酸、嗜碱粒细胞增多；Hb、RBC 早期改变不明显，可见幼红细胞；血小板早期常增多	NAP 阳性率及积分减低或零	①骨髓粒细胞异常增生，原始细胞<10%，以中性中幼、晚幼、杆状核粒细胞为主，嗜酸和（或）嗜碱粒细胞较易见；②NAP 阳性率减低；③脾肿大
加速期	原粒、早幼粒细胞较慢性期增多，原粒细胞>10%；嗜碱粒细胞明显增多	原粒、早幼粒细胞较慢性期增多，原粒细胞>10%和（或）嗜碱粒细胞>20%；Hb、RBC 减低，贫血加重；血小板减少或增多	NAP 活性升高	①原始细胞>10%。②嗜碱粒细胞>20%。③肝脾进行性肿大，骨痛明显；进行性贫血；慢性期药物治疗无效
急变期	原始细胞>20%；原粒、早幼粒细胞>50%；红系、巨核系明显受抑	原始细胞>20%，原粒、早幼粒细胞>30%；Hb、RBC 进行性下降，呈中、重度贫血。血小板明显减少	NAP 活性升高	原始细胞增高，根据白血病细胞种类确定急变类型，临床多数变为急性髓细胞白血病

2. 其他检查

（1）Ph^1染色体：90%病例可见 Ph^1染色体，t（9；22）（q34；q11）。

（2）BCR/ABL 融合基因是确诊 CML 金标准。

【注意事项】

（1）选择片子较薄、细胞分布均匀、细胞结构清楚的部位进行分类计数和观察。

(2) 对急性白血病骨髓片进行有核细胞计数分类时，若涂片不佳应该采取多点分类计数；计数时要注意原始细胞、嗜碱粒细胞数量。

(3) CML 急变期，患者按照急性白血病方法处理（即要通过形态学观察、细胞化学染色、免疫分型等检查确定急变细胞类型）。

(4) 诊断 CML 时，常规做 NAP 染色（用血片），确诊 CML 时做 BCR/ABL 融合基因检测。

【病例资料】

病史：右上腹包块 3^+ 月。

体查：胸骨压痛（+），心肺无特殊，脾肋下 3 指。

血常规：Hb 100g/L，WBC 394.7G/L，PLT 312G/L；骨髓细胞学检查见图 3-5。

临床诊断：脾大原因？

【实验报告】

(1) 结合患者资料及骨髓片、血片特点写一份 CML 骨髓细胞形态学检查报告单。

(2) 本次实验体会及讨论。

【思考题】

CML 慢性期的骨髓象特点有哪些？

实验四　慢性淋巴细胞白血病骨髓象及血象观察

【实验目的】

(1) 掌握慢性淋巴细胞白血病（chronic lymphocytie leukemia，CLL）骨髓片及血片特点。

(2) 熟悉成熟淋巴细胞和原幼淋巴细胞的划分。

【实验器材】

(1) CLL 骨髓片。

(2) CLL 血片。

【实验步骤】

参见第一章第二节实验十四。

【实验内容】

CLL 骨髓象、血象特点及诊断要点见图 3-6，表 3-4。

表 3-4　CLL 骨髓象、血象特点

骨髓象	血象	诊断要点
淋巴细胞系异常增生，≥40%，绝大多数是小淋巴细胞，原始淋巴细胞及幼稚淋巴细胞少见，一般<5%；粒细胞系、红细胞系比例减少；巨核细胞系可正常	白细胞数增加；分类以成熟样淋巴细胞为主≥50%；形态上与正常小淋巴细胞相似。可见少数原始及幼稚淋巴细胞；红细胞和血小板改变不明显	外周血淋巴细胞≥50% 骨髓淋巴细胞≥40%

【注意事项】

(1) 诊断 CLL 时注意与传染性单核细胞增多症鉴别，后者异型淋巴细胞形态多种多样，以外周血增多为主。

(2) 确诊 CLL 时,应结合临床和病理活检。

【病例资料】

病史:头昏、乏力 1 年。

体查:贫血貌,颈部、腋窝、腹股沟淋巴结肿大,脾肋下 2 指,肝肋下未扪及,心肺无特殊。

血常规:Hb 85g/L,WBC 52G/L,PLT 103G/L,WBC 分类 L 63%。骨髓细胞学检查见图 3-6。

临床诊断:淋巴结肿大原因。

【实验报告】

(1) 结合患者资料及骨髓片、血片特点写一份 CLL 骨髓细胞形态学检查报告单。

(2) 本次实验体会及讨论。

【思考题】

CLL 形态学诊断要点是什么?

实验五　其他少见类型白血病骨髓象及血象观察

【实验目的】

了解急性混合细胞白血病、巨核细胞白血病骨髓象及血象的主要特点。

【实验器材】

急性混合细胞白血病、巨核细胞白血病骨髓象图片。

【实验步骤】

本次实验为示教。

【实验内容】

示教图片:以下两种类型的白血病骨髓象、血象的典型图片(图 3-7)表现(表 3-5)。

表 3-5　少见类型白血病的骨髓象、血象的典型表现

类型	骨髓象	血象
急性巨核细胞白血病	原、幼巨核细胞≥30%(NEC),胞体小,直径<10μm;胞质少,常无颗粒;边缘不整齐呈云雾状,胞核大、染色质较粗密浓染,核仁常模糊不清;分化好则胞质量较多,核稍小,呈圆形多为一个,偶可见多个核;粒细胞系及幼红细胞均严重减少	Hb、RBC 中、重度减低,白细胞数不定,实为巨核系细胞;以原巨核细胞为主,可见小巨核、单圆核和多圆核
急性混合细胞白血病	增生明显活跃或极度活跃,见大量白血病细胞,该类型原始细胞一类为有两种形态表现,另一类为形态相似同一类,需做免疫分型确诊	白细胞分布多,见白血病细胞,可见幼粒细胞和幼红细胞;成熟红细胞大小不均,血小板减少

【注意事项】

(1) 急性混合细胞白血病:确诊该病必须做免疫分型。

(2) 急性巨核细胞白血病:①骨髓多出现干抽;②确诊需做巨核细胞特异性单抗或透射电镜血小板过氧化物酶检查。

(黄吉娥)

第二节 其他白细胞疾病细胞形态学检查

实验六 多发性骨髓瘤骨髓象及血象观察

多发性骨髓瘤(multiple myeloma,MM)是单克隆浆细胞异常增生的恶性肿瘤。其血液学特点为骨髓中有大量的骨髓瘤细胞(或称异常浆细胞)增殖,此类细胞常占有核细胞的15%以上。临床表现有骨骼疼痛、骨质破坏、贫血、感染、出血、免疫球蛋白异常增高、高血钙等。本病多见中老年,男性略多于女性。

【实验目的】

(1) 掌握原始、幼稚浆细胞的形态学特点。

(2) 掌握多发性骨髓瘤骨髓片和血片血液学特点。

(3) 熟悉原始、幼稚和成熟浆细胞的划分标准。

【实验器材】

(1) 实验器材:新鲜涂片 MM(骨髓片、血片)、光学显微镜等。

(2) 实验试剂:乙醇、乙醚等。

【操作步骤】

参见第一章第二节实验十四。

【实验内容】

1. MM 骨髓片

(1) 骨髓增生程度:大多数患者有核细胞增生活跃或明显活跃,少数增生极度活跃。

(2) 骨髓中出现大量异常浆细胞(瘤细胞),常>15%,甚至可高达 90%。该细胞在骨髓内可呈弥漫性分布,也可呈灶性,斑片状分布。其形态与正常浆细胞有相同和不同之处,相同之处:核多数一个、圆形、偏位,胞质量丰富,深蓝色,有泡沫浆及核旁淡染区。不同之处:骨髓瘤成堆分布,胞体大小不一,一般较大(有的如巨核细胞大小),呈圆形、椭圆形或不规则形,可有伪足。胞核可不规则,偏位,染色质疏松,排列紊乱,有 1~2 个大而清楚的核仁。胞质较为丰富,呈深蓝色,火焰状不透明,常含有少量嗜天表颗粒和空泡。有时易见多核、巨大核、畸形核,染色质细致,出现核仁。有时还可见下列细胞和小体:①火焰细胞,胞质边缘或整个胞质呈红色胞质(瘤细胞分泌黏蛋白所致,多为 IgA),火焰细胞有时也可见于正常人或其他良性疾病。②桑葚状细胞,胞质中有大量空泡。③葡萄状细胞,胞质中含有大量浅蓝色空泡。④鲁氏小体,即 Russel 小体,为粗大红色、圆形的包涵体。1957 年欧洲血液学会议根据骨髓瘤细胞形态学分为 4 型,即 Ⅰ 型(小浆细胞型),细胞较成熟,染色质致密,核偏位,胞质较丰富;Ⅱ型(幼浆细胞型),胞核染色质较疏松,细胞形态较规整,核偏位,核/质比例 1∶1;Ⅲ型(原浆细胞型),胞核染色质较疏松,如网状细胞,核可居中,有核仁,核/质比例比例显示核占优势;Ⅳ型(网状细胞型),细胞形态多样化,核仁大而多,细胞分化不良,但常受抑制(图 3-8)。

(3) 其他细胞系列:粒细胞系列、红细胞系列及巨核细胞系列的比例随骨髓瘤细胞浸润程度的不同而不一,可轻度减低或明显减低。大多数患者红细胞可见呈缗钱状排。

(4) 正常浆细胞与异常浆细胞鉴别(表 3-6,图 3-9)。

表 3-6　正常浆细胞与异常浆细胞鉴别

细胞	胞体	胞质	胞核	片中分布情况
正常浆细胞	大小均匀,呈椭圆形或类圆形	丰富,呈灰蓝色,可见少量空泡	圆形,偏位,染色质呈粗颗粒状,可见1~2个核仁	散在分布在片中
异常浆细胞	明显大小不一,较正常成熟浆细胞大,细胞外形不规则、可有伪足	丰富,呈灰蓝色或呈火焰状不透明,常含有少量嗜天青颗粒或空泡	长圆形,常偏位,可见多核;核染色质疏松,排列紊乱,可有1~2个大而清楚的核仁	常成堆出现,特别是在血膜尾部

2. 血片

(1) 多数病人有不同程度的贫血,多为正细胞正色素性贫血,少数可呈小细胞性或大细胞性贫血,随病情的进展而加重,有时可见少量幼稚红细胞。红细胞大小不等,多呈“缗钱状”排列(是诊断该病的线索之一)。

(2) 早期白细胞数正常或偏低,随着病情的发展均减少且逐渐加重。白细胞分类时以成熟中性粒细胞和淋巴细胞为主,有时可见少量幼稚粒细胞,绝大多数患者外周血片中未见。约20%患者白细胞分类时可见少许骨髓瘤细胞,为2%~3%。如果血片白细胞分类时,骨髓瘤细胞>20%,则为继发性浆细胞白血病。

(3) 早期血小板数正常或轻度减少,随病情的发展减少且逐渐加重。

【注意事项】

(1) 由于MM初期可为局灶性,浆细胞异常增生,随病情发展导致整个骨髓病变,故在初诊时,要注意多部位穿刺,尤其是疼痛部位穿刺,并注意骨髓涂片尾部细胞,以免误诊或漏诊。

(2) 观察MM骨髓片和血片时,应注意红细胞的排列方式,多部位分类计数,以分类瘤细胞比值最高的一次为准。

(3) 分类骨髓瘤细胞时应将骨髓瘤细胞按原始、幼稚及成熟阶段来划分。

(4) 虽然根据骨髓瘤细胞形态学特点,将多发性骨髓瘤分为4型,由于形态学分型与临床治疗、预后无明显关系,对临床指导意义不大,故这种分型临床上较少使用,所以骨髓瘤形态学检查报告诊断结果时,一般不需做出细胞形态学分型的意见。

(5) 骨髓瘤细胞>15%,且形态明显异常者或以原幼细胞为主者确诊不难;当骨髓瘤细胞在10%~15%,见到形态有明显异常时,应结合其他检查,防止漏诊;而对于以成熟细胞为主者且比例增加不明显者或骨髓瘤数量少但有形态异常者诊断要慎重。可进行浆细胞标记指数测定和特殊化学染色加以鉴别。

(6) 治疗后复查,建议采取诊断时穿刺的部位进行穿刺送检。

【病例资料】

病史:李某某,男性,56岁。2008年3月起无明显诱因出现腰背疼痛,面色苍白,伴气促乏力、头晕,晨起时有颜面浮肿,并且常伴有鼻塞、流涕、发热、鼻出血。

体查:贫血貌,心、肺、腹无特殊,全身浅表淋巴结不大,腰骶部压痛明显。

血常规:RBC 3.5T/L,Hb 84g/L,PLT 108G/L, WBC 5.0G/L。血清免疫球蛋白含量减低,其中IgG 3.35g/L,IgA 0.09g/L,IgM 0.30g/L。生化血清蛋白电泳无M带。CT提示骨质破坏,第4、5腰椎椎体压缩性骨折。

临床诊断:骨质破坏原因待查。

【实验报告】

(1) 结合患者资料及骨髓片、血片特点写一份 MM 骨髓细胞形态学检查报告单。

(2) 本次实验体会及讨论。

【思考题】

多发性骨髓瘤的血液学特点有哪些?

(杨 芳)

实验七 骨髓增生异常综合征骨髓象及血象观察

骨髓增生异常综合征(myelodysplastic syndrome, MDS)是一组克隆性造血干细胞疾病,通常表现为骨髓衰竭及一系或多系髓细胞病态造血。无论是 FAB 协作组还是 WHO 对 MDS 分型,形态学标准在 MDS 诊断中具有重要位置。

【实验目的】

(1) 熟悉 MDS 骨髓象和血象基本特点。

(2) 了解 MDS 分型。

【实验器材】

(1) MDS 骨髓片。

(2) MDS 血片。

【实验步骤】

参见第一章第二节实验十四。

【实验内容】

1. MDS 诊断流程图 见图 3-10。

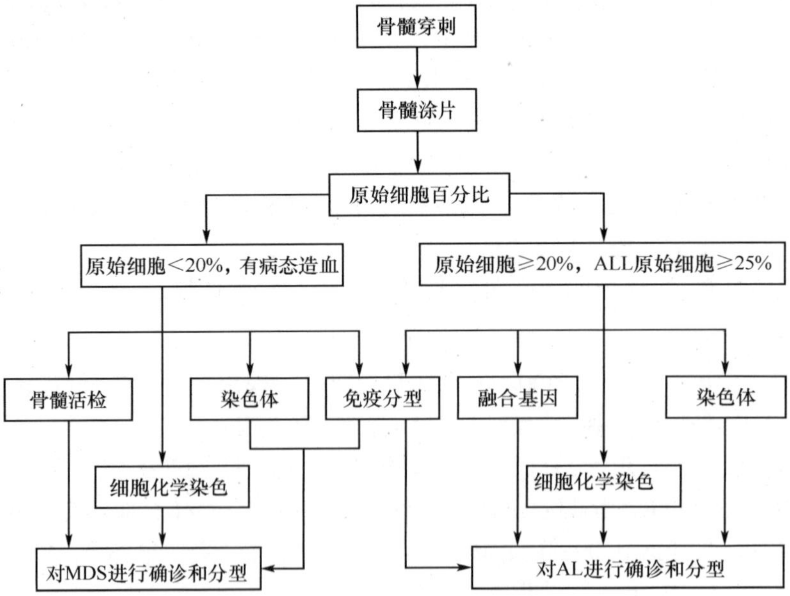

图 3-10 MDS 诊断流程图

2. MDS 分型 MDS 分型有法、美、英(FAB)分型和世界卫生组织(WHO)分型两种。

(1) FAB 分型:FAB1982 年以形态学为基础,将原发性 MDS 分为 5 类。难治性贫血(RA)、伴有环状铁粒幼细胞 RA、有过多原始细胞 RA(RAEB)、慢性粒-单核细胞白血病(CMML)、转变中 RAEB-T。

从表 3-7 可以看出,病态造血的细胞类型和程度、原始细胞比例、单核细胞绝对值、环形铁粒幼细胞的比值及 Auer 小体检出,为 MDS 分型、诊断的标准。

表 3-7 骨髓增生异常综合征的 FAB 分型

亚型	全名	原始细胞(外周血)	原始细胞*(骨髓)	其他
Ⅰ型	难治性贫血(RA)	<1%	<5%	红细胞系病态造血
Ⅱ型	伴有环状铁粒幼细胞难治性贫血(RARS)	<1%	<5%	环形铁粒幼细胞>15%
Ⅲ型	有过多原始细胞难治性贫血(RAEB)	<5%	5%~20%	常三系病态造血
Ⅳ型	慢性-粒单核细胞白血病(CMML)	<5%	5%~20%	血象:单核细胞>1G/L,骨髓:原、幼单细胞增加
Ⅴ型	转变中 RAEB-T**	>5%	5%~20%	存在棒状小体

*占非红系细胞的百分比;**RAEB-T 的任何一个条件具备即可诊断。

(2) WHO 分型:WHO 分型沿用 FAB 分型许多定义,具有临床、形态学、生物学和遗传学信息,自 1997 年 WHO 对 MDS 分型方案公布以来,在世界范围内引起广泛的重视和相应的研究,研究结果表明,WHO 分型与预后的相关性更好,对临床治疗策略的制定更具有指导性,替代应用多年 FAB 协作组分型方案。但 WHO 分型体系本身是一种有待不断补充、修正和完善的开放式分型体系。MDS 的 WHO 分型见表 3-8。

表 3-8 2008 年 WHO 修订 MDS 分型

分型	外周血	骨髓
难治性贫血伴单系病态造血(RCUD) 难治性贫血(RA) 难治性中性粒细胞减少(RN) 难治性血小板减少(RT)	一系或二系血细胞减少* 原始细胞无或少见(<1%)**	一系病态造血:病态造血的细胞占该系细胞 10%或以上 原始细胞<5% 环状铁粒幼细胞<15%
难治性贫血伴环状铁粒幼细胞贫血(RARS)	无原始细胞	环状铁粒幼细胞≥15% 仅红系病态造血 原始细胞<5%
难治性血细胞减少伴多系病态造血(RCMD)	血细胞减少 原始细胞无或少见(<1%)** 无 Auer 小体 单核细胞<1G/L	≥二系病态造血的细胞≥10% 原始细胞<5% 无 Auer 小体 ±环状铁粒幼细胞≥15%
难治性贫血伴原始细胞增多-Ⅰ(RAEB-Ⅰ)	血细胞减少 原始细胞<5% ** 无 Auer 小体 单核细胞<1G/L	一系或多系病态造血 原始细胞 5%~9% ** 无 Auer 小体

续表

分型	外周血	骨髓
难治性贫血伴原始细胞增多-Ⅱ（RAEB-Ⅱ）	血细胞减少 原始细胞 5%～19% 有或无 Auer 小体 * * * 单核细胞<1G/L	一系或多系病态造血 原始细胞 10%～19% 有或无 Auer 小体 * * *
MDS-未分类（MDS-U）	血细胞减少 原始细胞≤1% * *	各系病态造血细胞<10%，伴细胞遗传学异常可拟诊 MDS 原始细胞<5%
MDS 伴单纯 5q-	贫血 血小板正常或升高 原始细胞无或少见（<1%）	分叶减少的巨核细胞正常或增多 原始细胞<5% 细胞遗传学异常仅见 5q- 无 Auer 小体

* 二系血细胞减少偶见，全血细胞减少应诊断为 MDS-U。

* * 如果骨髓中原始细胞<5%，外周血中 2%～4%，则诊断为 RAEB-Ⅰ。如 RCUD 和 RCMD 患者外周原始细胞为 1%，应诊断为 MDS-U。

* * * 伴有 Auer 小体，原始细胞在外周血中<5%，骨髓中<10%，应诊断为 RAEB-Ⅱ。

（3）从表中可以看出，分类沿用了 FAB 体系许多概念和定义，新添和修正一些亚型：

1）RA 和 RARS，患者仅有贫血而无白细胞和血小板减少，形态学上仅红细胞系一系细胞病态造血。

2）将 RA 和 RARS 中伴有二系病态造血者诊断为：难治性血细胞减少伴多系病态造血（RCMD）。

3）将 RAEB 与 AML 的原始细胞分界值，由原来 30%下调到 20%，结果 FAB 分型中的 RAEB-T 在 WHO 分型中被取消，将之归入为 AML。

4）新增了三个亚型。

5）将 RAEB 再分为Ⅰ型和Ⅱ型，Ⅰ型属低危；Ⅱ型属高危。

6）将 CMML 归入 MDS/MPD 大类，兼有骨髓增生异常和骨髓增殖综合征特征。

7）Auer 小体的存在不再定义为转变型，可以存在于 RAEB 或 RCMD 中。

3. 骨髓象观察

（1）骨髓涂片分类计数 500 个有核细胞。

（2）有核细胞增生明显活跃或增生活跃，少数减低。

（3）红细胞系：增生或减低，以中幼红细胞和晚幼红细胞为主；原始红细胞、早幼红细胞常见或增多；病态造血包括质和量的异常（图 3-11）。

1）质的异常：幼红细胞有程度不一的类巨幼样变、核形异常（有畸形核、核出芽、核分叶、微核及核碎片）、胞质异常（胞质着色不匀甚至斑点状嗜碱现象）、出现多核、奇数核、异常核分裂象。

2）量的异常：红细胞系比例过多（>50%有核红细胞）或过少（<5%）。

3）成熟红细胞形态改变同外周血涂片。

（4）粒-单核细胞系：增生或减低，原始粒细胞、早幼粒细胞比例增高，中、晚幼粒常增多，可见原、幼单核细胞（图 3-12）。

1）粒细胞系见环形核、畸形核、Palger-Hüet 样畸形、核溶解、类巨幼变现象。

2）中性粒细胞出现颗粒缺乏或减少，也有嗜天青颗粒粗大者，是常见的病态造血表现。

3）在原粒细胞、早幼粒细胞和幼稚单核细胞质中可见 Auer 小体。

4）单核细胞系增多。

（5）巨核细胞系病态造血：常见质的异常，有时有量的缺乏（图 3-13）。

1）微小巨核细胞（直径可小至 7）和单个大核的巨核细胞是 MDS 最具特征性表现。

2）可见多个小而核分散的巨核细胞。

3）形态上有核浓染，胞质极少，周围有绒毛或小泡突起，也有胞质颗粒减少、颗粒粗大及（或）异常的颗粒。

4）有巨大和（或）异形血小板、颗粒减少的血小板。

（6）原始细胞

1）不同亚型 MDS 骨髓片和血片中原始细胞比例不等。

2）原始细胞增多，有时可见原始细胞呈 3 个或以上成簇排列，在骨髓小粒内更易见。

3）原始细胞计数是 MDS 分型和确定疾病进展的重要指标。

4. 血象观察

（1）血涂片分类计数 200 个白细胞。

（2）白细胞总数和血小板计数变异较大，大多数为持续全血细胞减少，或任何一系血细胞或二系血细胞减少。血细胞减少一般与病态造血的细胞系一致，但是也可能不相符。

（3）网织红细胞多降低。

（4）形态学

1）贫血常为大细胞性，可见巨大红细胞（直径>2 个红细胞），有时在血片中有低色素群，有异形红细胞，嗜碱性点彩红细胞、多嗜性红细胞，并出现幼稚红细胞。

2）中性粒细胞有核分叶异常如分叶过少（Palger-Hüet 畸形）、畸形的分叶过多；胞质内中性颗粒减少、缺失或颗粒粗大，有时见原始细胞及幼稚粒细胞。

3）在 MDS 各型中单核细胞均有不同程度的增高，并可见幼稚单核细胞。

4）可见小巨核细胞和颗粒异常的血小板。

5. 细胞化学染色

（1）过氧化物酶（POX）染色：中性粒细胞有程度不一酶活性降低。

（2）糖原（PAS）染色：幼红细胞有程度不一阳性反应。

（3）铁染色：见多少不一环状铁粒幼红细胞（环形铁粒幼红细胞含铁颗粒 10 颗以上并围绕核周 1/3），甚至有铁粒细胞。

总之病态造血是形态学诊断 MDS 必备的，MDS 血细胞病态造血可发生在红细胞系、粒细胞系、巨核细胞系，各系细胞病态造血的定量标准：占该系细胞总数的 50% 以上；环形铁粒幼细胞占红细胞系 15%以上。

【注意事项】

（1）骨髓涂片、血涂片均为新鲜采集无抗凝剂接触标本。

（2）MDS 患者无论是 FAB 分型，还是 WHO 分型，形态学诊断 MDS 为主要依据。

（3）形态学存在主观性，加上 MDS 病态造血细胞有明显异形性和多态性，形态学诊断 MDS 需做细胞化学染色，应将铁染色、PAS 染色作为常规细胞化学染色项目。而最终确诊 MDS 需结合临床、骨髓活检及染色体等相关检查。

(4) 病态造血是诊断 MDS 必需条件,但又非 MDS 所特有;多种骨髓增生性疾病和非造血组织肿瘤也可见。

1) 红细胞系增生易与溶血性贫血相混。

2) 红细胞系、粒细胞系巨幼样改变易与巨幼细胞贫血相混。

3) 全血细胞减少易与 AA、PNH 和免疫相关性贫血相混。

【病例资料】

病史:头昏、四肢无力 6 个月。在皮鞋厂打工 3 年,曾不正规治疗过。

体查:中度贫血貌,皮肤有散在出血点、无黄疸、肝脾及淋巴结肿大。

血常规:Hb 50g/L,WBC 2.6G/L,PLT 44G/L。

骨髓检查结果见图 3-14。

临床诊断:全血细胞减少原因待查。

【实验报告】

(1) 结合患者资料及骨髓片、血片特点写一份 MDS 骨髓细胞形态学检查报告单。

(2) 本次实验体会及讨论。

【思考题】

MDS 血片的诊断要点有哪些?

(赵　蓉)

实验八　淋巴瘤骨髓象及血象观察

淋巴瘤(lymphoma)是一组起源于淋巴结或其他淋巴组织的恶性肿瘤。根据组织病理学检查可将本病分为霍奇金(Hondgkin lymphoma, HD)和非霍奇金(non-Hondgkin lymphoma,NHL)两大类。我国患者中 NHL 约占 90%,HD 约占 10%。

【实验目的】

(1) 熟悉 NHL、HD 骨髓片和血片基本特点。

(2) 熟悉 NHL、HD 瘤细胞的主要特点。

【实验器材】

新鲜 NHL、HD 骨髓片和血片、光学显微镜等。

【实验步骤】

第一章第二节实验十四。

(一) 非霍奇金淋巴瘤

【实验内容】

1. 骨髓片

(1) 恶性淋巴瘤未侵犯骨髓

1) 增生程度:有核细胞增生活跃或明显活跃。

2) 粒细胞系列、红细胞系列及巨核细胞系列:增生程度及形态基本正常,多数病人出现嗜酸粒细胞偏多。

3）淋巴瘤细胞未见。

4）浆细胞易见。

（2）恶性淋巴瘤侵犯骨髓

1）增生程度：有核细胞增生活跃、明显活跃或极度活跃。

2）淋巴瘤细胞：骨髓中可见数量不等的恶性淋巴瘤细胞。当瘤细胞数量极少时，骨髓有核细胞分类比例为0，但观察全片时仍可发现少许淋巴瘤细胞，分类可达90%以上，如果骨髓中恶性淋巴瘤细胞>20%，则为淋巴瘤白血病。淋巴瘤细胞的形态取决于恶性淋巴瘤的病理类型，不同病理类型细胞形态常有明显多形性。总的来说，其胞体大小不一或较大，浆量多少不一，胞质蓝色或深蓝色，可有少许颗粒，核形呈不规则形或类圆形，可见扭曲、折叠，染色质较粗，核仁有或无，核仁大小不一。

3）粒细胞系列、红细胞系列、巨核细胞系列：淋巴瘤细胞比例低者，三系增生程度及形态无明显异常；淋巴瘤细胞比例多者，三系常明显减少，有时嗜酸粒细胞增多。

2. 血片

（1）病人初诊时红细胞、血红蛋白正常，随着病情发展逐渐降低。少数合并溶血者网织红细胞数升高。

（2）白细胞数一般正常，大部分患者可见嗜酸粒细胞比例增加，其他无明显异常。当瘤细胞侵犯骨髓时，白细胞数减少、增多或正常，分类可见各种类型的淋巴瘤细胞，细胞类型因NHL类型不同而异。部分患者晚期可并发白血病，此时外周血似白血病样改变。

（3）血小板数量正常，少部分病人出现血小板减少。当骨髓受侵犯时，血小板数量正常或下降。

（二）霍奇金淋巴瘤

【实验内容】

1. 骨髓片

（1）恶性淋巴瘤未侵犯骨髓

1）增生程度：有核细胞增生活跃或明显活跃。

2）粒细胞系列、红细胞系列及巨核细胞系列：增生程度及形态基本正常，多数病人出现嗜酸粒细胞偏多。

3）淋巴瘤细胞未见。

4）浆细胞易见。

（2）恶性淋巴瘤侵犯骨髓

1）增生程度：有核细胞增生活跃、明显活跃或极度活跃。

2）淋巴瘤细胞：当病变侵犯到骨髓可找到特征性的Reed-Sternberg细胞（R-S细胞），其形态学特点为胞体大，呈圆形或不规则形，胞质量丰富，呈淡蓝色或灰蓝色，常有紫红色嗜天青颗粒及空胞，胞核大，圆形或椭圆形，典型的R-S细胞具有双核，呈镜影状排列，染色质呈疏松的小粒状，多可见明显的核仁。如果骨髓中恶性淋巴瘤细胞>20%，则为淋巴瘤白血病。

3）粒细胞系列、红细胞系列、巨核细胞系列：淋巴瘤细胞比例低者，三系增生程度及形态无明显异常；淋巴瘤细胞比例多者，三系常明显减少，有时嗜酸粒细胞增多。

2. 血片

(1) 病人初诊时红细胞、血红蛋白正常,随着病情发展逐渐降低。少数合并溶血者网织红细胞数升高。

(2) 白细胞数一般正常,大部分患者可见嗜酸粒细胞比例增加,其他无明显异常。当瘤细胞侵犯骨髓时,白细胞数减少、增多或正常,分类可见各种类型的淋巴瘤细胞,细胞类型因 HD 类型不同而异。部分患者晚期可并发白血病,此时外周血似白血病样改变。

(3) 血小板数常正常,少部分病人出现血小板减少;当骨髓受侵犯时,血小板数正常或下降。

非霍奇金淋巴瘤(NHL)和霍奇金淋巴瘤(HD)浸润骨髓时骨髓象表现见图 3-15。

【注意事项】

(1) 恶性淋巴瘤的诊断主要依靠淋巴结等理活检。骨髓检查对已确诊的患者来说,可确诊骨髓是否受侵犯及病情进展、观察疗效等;对于未确诊的患者,如果骨髓中找到淋巴瘤样细胞可辅助其诊断。

(2) 恶性淋巴瘤若侵犯骨髓,当淋巴瘤细胞>20%时,则为淋巴瘤白血病,那如何与急性淋巴细胞白血病、慢性淋巴细胞白血病鉴别,仅靠骨髓细胞形态学检查常常是难以确定,建议结合临床(包括病史)及其他检查。

(3) 骨髓中淋巴瘤细胞少者及形态不典型时,要尽量观察所有送检的骨髓片,尤其是血膜边缘部位,建议做骨髓活检提高其检出率。

(4) 外周血伴有绒毛淋巴细胞增多的脾淋巴瘤需与多毛细胞白血病加以鉴别。

(5) 怀疑恶性淋巴瘤骨髓转移时,可做下列细胞化学染色,以供临床参考。①PAS 染色:淋巴瘤细胞的阳性率常增加,典型者呈粗颗粒或块状阳性;②NAP 染色:阳性率及积分值常增加。

【病例资料】

病史:患者,男性,54 岁,因“颈部肿块 3 个多月,进行性肿大伴发热 1 个多月”入院。

体检:体温 39℃,轻度贫血貌,心肺未见明显异常,腹平软,肝脾未扪及,双侧颈部、腋窝、腹股沟可触及淋巴结肿大,大小如花生至小核桃不等,质较硬,无压痛,表面光滑,无粘连,移动性好,表面皮肤正常。

血常规:RBC 3. 8T/L ,Hb 120g/L,PLT 112G/L,WBC 5. 6G/L。

临床诊断:淋巴结肿大及发热原因待查。

【实验报告】

(1) 结合患者资料及骨髓片、血片特点写一份 NHL 骨髓细胞形态学检查报告单。

(2) 本次实验体会及讨论。

【思考题】

NHL 侵浸骨髓的细胞形态特点包括哪些?

实验九 噬血细胞综合征骨髓象及血象观察

噬血细胞综合征(hemophagocytic,HPS)是一种单核-吞噬细胞系统的反应性组织细胞增生症。其血液学特点为全血细胞减少、骨髓中单核-吞噬细胞增生活跃并有明显的吞噬血细胞现象。本病按病因分为原发性及继发性两种：原发性 HPS 即家族性噬血细胞综合征，为常染色体隐性遗传病；继发性 HPS 主要包括感染噬血细胞综合征感染以及恶性肿瘤相关噬血细胞综合征。临床以继发性噬血细胞综合征多见。

【实验目的】

(1) 掌握 HPS 骨髓片和血片基本特点。

(2) 了解 HPS 的形态学分型。

【实验器材】

新鲜 HPS 骨髓片、血片，光学显微镜。

【实验步骤】

见第一章第二节实验十四。

【实验内容】

1. 骨髓象

(1) 骨髓增生程度：大多数患者有核细胞增生活跃或明显活跃。

(2) 粒系细胞活跃或比例略降低，粒系细胞可见中毒样改变。

(3) 红系细胞活跃，比例及形态大致正常。

(4) 骨髓中易见成熟的噬血细胞性巨噬细胞(图 3-16)。该类细胞胞体大；胞核偏位，核染色质较疏松或粗网状，有时可见核仁；胞质量丰富，边缘不整呈撕纸状可见细颗粒及空泡，质内可见数量不等的幼稚红细胞、红细胞、粒细胞、血小板、淋巴细胞以及细胞碎片等。

(5) 巨核细胞系比例及形态大致正常。

(6) 可见少量组织细胞。

2. 血象

(1) 红细胞、血红蛋白呈不同程度的减低。

(2) 白细胞数常减少，随着病情的发展均减少且逐渐加重，分类时可见淋巴细胞相对增高，易见异形淋巴细胞或不典型异形淋巴细胞或不典型单核细胞。少数病例可见吞噬血细胞的组织细胞(巨噬细胞)。

(3) 血小板数常减少。

【注意事项】

(1) HPS 有时会出现少量异常组织细胞，注意结合病人病史及其他检查和淋巴瘤相鉴别。

(2) 骨髓在疾病早期的表现为中等度的增生性骨髓象，噬血现象不明显，常表现为反应性组织细胞增生，无巨噬细胞浸润，应连续多次检查骨髓，以便发现吞噬现象。

(3) 有的病例其骨髓可见大的颗粒状淋巴细胞，胞体延长如马尾或松粒状，这可能是 HPS 的一种特殊类型的淋巴细胞。

【病例资料】

病史：患者女性，14 岁，因“左足皮肤感染伴反复发热 2 个月”入院。

查体：体温 38.6℃，贫血貌，左足第 2 趾及左踝外侧皮肤红肿、溃烂，可见少许淡红色渗液、触痛明显，无明显波动感，浅表淋巴结未及肿大，心肺阴性，全腹压痛，反跳痛，肝右肋下 7cm，脾左肋下 7cm。

血常规：WBC 1.5G/L，N 43.9%，L 38.4%，M 17.7%，Hb 63g/L，RBC 1.5T/L，PLT 44G/L。腹部B超示中量腹水、脾大，肝实质回声增强声像。

临床诊断：发热原因？

【实验报告】

（1）结合患者资料及骨髓片、血片特点写一份骨髓细胞形态学检查报告单。

（2）本次实验体会及讨论。

【思考题】

噬血细胞综合征的诊断要点是什么？

（杨 芳）

第四章 血栓与止血障碍性疾病的检验

机体止凝血过程主要由血管壁、血小板和凝血因子三大止凝血要素参与。其中,血管壁和血小板异常可引起一期止血缺陷。目前,除血小板计数(详见《临床基础检验学实验指导》)外,其余反映血管壁和血小板止血功能的试验如束臂试验、出血时间测定、血块收缩试验等在临床上使用较少,故本章不再叙述。二期止血缺陷涉及凝血因子异常、调节血液凝固的抗凝系统异常以及降解纤维蛋白(原)及其他蛋白质的纤维蛋白溶解系统(以下简称纤溶系统)异常。本章分别从凝血因子检验、抗凝物质检验和纤溶活性检验三方面介绍血栓与止血障碍性疾病的检验。

第一节 凝血因子检验

血液凝固是血液由液体状态转变为凝胶状态的过程,此过程由一系列凝血因子参与并相继酶解激活,最终形成纤维蛋白凝块。血液凝固包括内源性凝血系统和外源性凝血系统,两者启动方式以及参与的凝血因子各不相同,在机体的整个凝血过程中发挥不同作用。凝血因子含量减低或活性减弱,常导致出血发生;凝血因子含量增高或活性增强,则易导致血栓形成。活化部分凝血活酶时间测定(activated partial thromboplastin time,APTT)和凝血酶原时间测定(prothrombin time,PT)是二期止血缺陷最常用的筛查试验,分别反映内、外源性凝血系统功能。凝血酶时间测定(thrombin time,TT)是反映共同凝血途径的筛查试验,也可直接反映纤维蛋白原有无异常。在筛查试验异常基础上,进一步可选择凝血因子促凝活性检测、纤维蛋白原含量测定等确诊试验进行血栓与止血障碍性疾病的筛查和诊断。

实验一 活化部分凝血活酶时间测定

【实验目的】

掌握活化部分凝血活酶时间测定的原理、方法、结果判断、注意事项及临床意义,了解其检测方法的研究进展。

【实验原理】

在37℃条件下,以白陶土(或硅藻土、鞣花酸)为激活剂激活凝血因子Ⅻ和Ⅺ,以脑磷脂(部分凝血活酶)代替血小板第3因子提供凝血催化表面,在Ca^{2+}参与下,测定乏血小板血浆(platelet-poor plasma,PPP)凝固所需的时间即为活化部分凝血活酶时间(APTT)测定,是反映内源性凝血系统常用的筛查试验。

【实验器材】

1. 试剂 活化部分凝血活酶试剂(含白陶土或硅藻土、鞣花酸及脑磷脂),0.025mol/L氯化钙溶液,正常人混合冻干血浆(正常参比血浆)。

2. 器材 真空采血管（枸橼酸钠凝血试验管）、采血针、碘酊、硅化玻璃试管、离心机、秒表、微量加样器、水浴箱、血凝仪。

【实验步骤】

1. 手工法

（1）常规静脉采血 1.8ml，加入到含 0.2ml 0.109mol/L 枸橼酸钠溶液（pH 7.5）的真空采血管中，充分混匀，3000r/min 离心 10min，分离乏血小板血浆。

（2）取 0.1ml 活化部分凝血活酶试剂于洁净干燥的硅化玻璃试管中，加入 0.1ml 37℃预温的正常人混合血浆，混匀，置 37℃水浴中预热 3min，其间轻摇数次。

（3）于上述试管中加入 0.1ml 37℃预温的 0.025mol/L 氯化钙溶液，快速混匀并立刻启动秒表，轻轻反复倾斜试管，观察并记录纤维蛋白丝出现的时间。每份标本重复测定 2 次，取平均值。

（4）受检血浆 APTT 测定同（2）、（3）步骤操作。

2. 血凝仪法

（1）标本采集及处理同手工法。

（2）将活化部分凝血活酶试剂、0.025mol/L 氯化钙溶液置于仪器相应的试剂架上；将反应杯置于相应位置；将正常人混合血浆、受检血浆置于样本架上。

（3）设置仪器检测程序，启动检测即可。

【实验结果】

1. 结果判断

（1）手工法：以血浆出现纤维蛋白丝为观察的凝固终点。

（2）血凝仪法：由仪器自动记录血浆凝固时间。

2. 参考范围

男性（37.0±3.3）s，范围（31.5~43.5）s。

女性（37.5±2.8）s，范围（32.0~43.0）s。

受检血浆测定值较正常对照值延长 10s 以上有临床意义。

【注意事项】

（1）采血时必须顺利，同时避免使用溶血、高脂、黄疸、泡沫及血凝块标本。

（2）临床和实验室标准化委员会（International Council for Standardization in Haematology，ICSH）推荐凝血功能相关检测应使用高质量塑料或聚乙烯试管。

（3）因枸橼酸钠对凝血因子Ⅴ、Ⅷ等有一定保护，ICSH 推荐使用 0.109mol/L pH 7.5 的枸橼酸钠溶液作为凝血功能相关检测中全血标本的抗凝剂，并且全血与抗凝剂比例应按 9∶1 进行抗凝处理并充分混匀（如有严重贫血或红细胞比容明显增加者，需调整抗凝剂用量）。

（4）抗凝血标本充分离心后进行血浆分离时，应尽可能除去血小板，离心后血浆血小板计数应小于 20G/L。

（5）手工法操作时应使水浴箱温度保持在（37±1）℃，试管从水浴箱中拿出观察结果时，应迅速倾斜试管（倾斜试管技术参考方法：倾斜 90°，每 5s 重复 3 次），避免试管中血浆温度迅速下降。

（6）凝血因子Ⅴ、Ⅷ等较不稳定，故应在采血后 2h 内完成凝血功能相关的检测。

（7）每次测定均应使用正常人混合血浆作为正常对照。正常人混合冻干血浆的制备：

选用 20 份以上健康人抗凝血标本并混合，3000r/min 离心 10min 分离血浆，混匀后小量分装，冻存于-80℃或冷冻干燥保存。

【临床意义】

（1）APTT 延长：见于内源性凝血系统因子Ⅻ、Ⅺ、Ⅸ、Ⅷ、Ⅹ、Ⅴ、Ⅱ、高分子质量激肽原（high molecular weight kininogen，HMWK）、激肽释放酶原（prekallikrein，PK）缺陷及纤维蛋白原（fibrinogen，Fg）异常。临床上遗传性因素引起的凝血因子缺乏常见于血友病 A、血友病 B 以及凝血因子Ⅺ缺乏症；获得性因素引起的凝血因子缺乏常见于严重肝脏疾病、依赖维生素 K 凝血因子缺乏症、继发性纤维蛋白溶解亢进症（以下简称继发性纤溶症）、循环抗凝物质增多。

（2）APTT 缩短：多见于高凝状态和血栓性疾病，如弥散性血管内凝血（disseminated intravascular coagulation，DIC）高凝期、心肌梗死、脑梗死、深静脉血栓形成等。

（3）普通肝素治疗监测：APTT 是监测普通肝素治疗时安全有效用药的首选指标，通常以 APTT 值维持在正常对照值的 1.5~2.5 倍为宜。

【方法学评价】

（1）APTT 测定是诊断遗传性因素引起凝血因子缺陷常用的筛选试验。APTT 异常提示内源性凝血系统异常，临床多见于血友病 A、血友病 B 以及凝血因子Ⅺ缺乏症，其能检出凝血因子活性水平小于 25%的轻型血友病患者。

（2）APTT 对肝素作用敏感，故常用于肝素抗凝治疗监测。

（3）传统 APTT 测定是以血浆凝固为观察终点，不能反映内源性凝血系统血液凝固的动态演变过程。近年来发展了双相 APTT（biphasic，APTT）检测项目，通过全程血浆凝固进展的浊度变化绘制出血浆凝固过程中透光度变化波形图，提供凝血观察终点前的凝血时间、凝血速率、凝血加速度变化等信息，尤其适用于 DIC 前期的诊断。

【思考题】

（1）试述 APTT 测定原理。

（2）试从遗传性和获得性因素两方面分析 APTT 延长的可能原因。

实验二　凝血酶原时间测定

【实验目的】

掌握凝血酶原时间测定的原理、方法、结果判断、结果报告方式、注意事项及临床意义。

【实验原理】

在 37℃条件下，于受检血浆中加入过量的含钙组织凝血活酶（主要含组织因子、脂质），重新钙化的血浆在组织因子存在时激活因子Ⅹ成为Ⅹa，在Ⅹa 作用下凝血酶原转变为凝血酶，进而使纤维蛋白原转变为不溶性纤维蛋白，测定 PPP 血浆凝固所需的时间即为凝血酶原时间（prothrombin time，PT）测定，是反映外源性凝血系统常用的筛查试验。

【实验器材】

1. 试剂　含钙组织凝血活酶试剂、正常人混合冻干血浆（正常参比血浆）。

2. 器材　真空采血管（枸橼酸钠凝血试验管）、采血针、碘酊、硅化玻璃试管、离心机、秒表、微量加样器、水浴箱、血凝仪。

【实验步骤】

1. 手工法

(1) 常规静脉采血 1.8ml,加入到含 0.2ml 0.109mol/L 枸橼酸钠溶液(pH 7.5)的真空采血管中,充分混匀,3000r/min 离心 10min,分离血浆。

(2) 取 0.2ml 含钙组织凝血活酶试剂于洁净干燥的硅化玻璃试管中,加入 0.1ml 37℃预温的正常人混合血浆,快速混匀并立刻启动秒表,轻轻倾斜试管观察并记录纤维蛋白丝出现的时间。每份标本重复测定 2 次,取平均值。

(3) 受检血浆 PT 测定同(2)步骤操作。

2. 血凝仪法

(1) 标本采集及处理同手工法。

(2) 将含钙组织凝血活酶试剂置于仪器试剂架上;将反应杯置于相应位置;将正常人混合血浆、受检血浆置于样本架上。

(3) 设置仪器检测程序,启动检测即可。

【实验结果】

1. 结果判断

(1) 手工法:以血浆出现纤维蛋白丝为观察的凝固终点。

(2) 血凝仪法:由仪器自动记录血浆凝固时间。

2. 参考范围　PT 测定采用 PT 值、凝血酶原时间比值(PT ratio,PTR)及国际标准化比值(international normalized ratio,INR)三种方式进行结果报告。

(1) PT 值:男性为 11.0~13.7s;女性为 11.0~14.3s;男女平均(12.0±1.0)s。受检血浆测定值较正常对照值延长 3s 以上有临床意义。

(2) PTR 值:$PTR=\dfrac{\text{受检血浆 PT 值(s)}}{\text{正常参比血浆 PT 值(s)}}$。参考范围:0.85~1.15。

(3) INR 值:$INR=PTR^{ISI}$。参考范围:INR 值依试剂的国际敏感指数(international sensitivity index,ISI)不同而异。

【注意事项】

(1) 标本采集、处理及检测的注意事项同 APTT 测定。

(2) 各种凝血活酶试剂对凝血因子Ⅶ的敏感性存在差异,可造成 PT 检测结果的不确定,故应使用标准化试剂。凝血活酶的国际参考制品可用于校正自制品。

(3) 各厂家生产的试剂可能存在质量差异,为使不同实验室之间检测结果具有可比性,尤其在指导抗凝药使用、判断抗凝治疗效果时,应采用 INR 值报告 PT 测定结果,故要求商品化含钙组织凝血活酶试剂均应提供 ISI 值。ISI 值反映凝血活酶对维生素 K 依赖因子减少的敏感程度,ISI 值越接近 1,其敏感性越高。

(4) 应严格控制试剂、标本孵育的时间与温度,血浆在 37℃下放置不能超过 10min,凝血活酶试剂在 37℃中的预热时间不能超过说明书所规定的限度。

【临床意义】

(1) PT 延长:见于外源性凝血系统凝血因子Ⅶ、Ⅹ、Ⅴ、Ⅱ及 Fg 异常,临床上遗传性因素引起的凝血因子缺乏常见于先天性因子Ⅶ缺乏症;获得性因素引起的凝血因子缺乏常见于严重肝脏疾病、依赖维生素 K 凝血因子缺乏症、继发性纤溶症、循环抗凝物质增多。

(2) PT 缩短：多见于高凝状态和血栓性疾病，如 DIC 高凝期、心肌梗死、脑梗死、深静脉血栓形成等。

(3) 口服抗凝剂（如华法林、双香豆素等）治疗监测：世界卫生组织（World Health Organization，WHO）推荐用 INR 值作为监测口服抗凝剂治疗患者 PT 测定的标准化报告方式。一般中国人维持 INR 值在 1.8～2.5 为宜，不宜超过 3.0。在无条件获得 INR 值时，可用 PTR 值作为口服抗凝剂监测的参考指标，以 PTR 值在 1.5～2.0 作为安全有效范围。

【方法学评价】

(1) PT 测定是诊断遗传因素引起凝血因子缺陷常用的筛查试验，PT 异常提示外源性凝血系统异常，其对凝血因子Ⅴ、Ⅶ和Ⅹ较为敏感，对因子Ⅱ的敏感性稍差。

(2) 国际血栓与止血协会（International Society on Thrombosis and Haemostasis，ISTH）将 PT 测定作为 DIC 的实验诊断指标之一，强调观察其动态变化对 DIC 诊断的重要性。

(3) 口服抗凝剂华法林通过减少维生素 K 依赖因子发挥其抗血栓效果，凝血活酶对华法林的敏感性变化较大，仅用 PTR 值监测不够精确，WHO 推荐用经 ISI 值换算得到的 INR 值作为口服抗凝剂治疗监测时 PT 测定的标准化报告方式。

(4) 肝病患者凝血缺陷机制涉及凝血因子合成减少，且各凝血因子降低程度基本一致，而口服抗凝剂引起凝血因子活性水平降低程度不一，故在进行肝脏疾病患者凝血功能评价时，不宜采用 INR 值报告 PT 测定结果。

【思考题】

(1) 试述 PT 测定原理。

(2) 试从遗传性和获得性因素两方面分析 PT 延长的可能原因。

实验三　凝血酶时间测定

【实验目的】

掌握凝血酶时间测定的原理、方法、结果判断、注意事项及临床意义。

【实验原理】

在 37℃条件下，于受检血浆中加入“标准化”凝血酶试剂，后者使血浆纤维蛋白原转变为不溶性纤维蛋白，测定 PPP 血浆凝固所需的时间即为凝血酶时间（TT）测定，是检测共同凝血途径常用的筛查试验。

【实验器材】

1. 试剂　“标准化”凝血酶试剂、0.025mol/L 氯化钙溶液、正常人混合冻干血浆。

2. 器材　真空采血管（枸橼酸钠凝血试验管）、采血针、碘酊、硅化玻璃试管、离心机、秒表、微量加样器、水浴箱、血凝仪。

【实验步骤】

1. 手工法

(1) 常规静脉采血 1.8ml，加入到含 0.2ml 0.109mol/L 枸橼酸钠溶液（pH 7.5）的真空采血管中，充分混匀，3000r/min 离心 10min，分离乏血小板血浆。

(2) 取 0.1ml 凝血酶试剂于洁净干燥的硅化玻璃试管中，加入 0.1ml 37℃预温的正常人混合血浆，快速混匀并立刻启动秒表，轻轻反复倾斜试管观察并记录纤维蛋白丝出现的时间。每份标本重复测定2次，取平均值。

(3) 受检血浆TT测定同(2)步骤操作。

2. 血凝仪法

(1) 标本采集及处理同手工法。

(2) 将凝血酶试剂置于仪器试剂架上；将反应杯置于相应位置；将正常人混合冻干血浆、受检血浆置于样本架上。

(3) 设置仪器检测程序，启动检测即可。

【实验结果】

1. 结果判断

(1) 手工法：以血浆出现纤维蛋白丝为观察的凝固终点。

(2) 血凝仪法：由仪器自动记录血浆凝固时间。

2. 参考范围 TT参考值：16～18s。受检血浆测定值较正常对照值延长3s以上有临床意义。

【注意事项】

(1) 标本采集、处理及检测的注意事项同APTT测定。

(2) "标准化"凝血酶试剂是指能使正常人混合血浆在参考范围内凝固的凝血酶试剂。

(3) 稀释后的凝血酶试剂在室温下易变质，应置于4℃保存，保存期3天。

【临床意义】

(1) TT延长：①见于共同凝血途径凝血因子缺陷，常见于纤维蛋白原含量降低时，如低(无)纤维蛋白原血症、纤维蛋白溶解亢进症；②肝素或类肝素抗凝物质增多；③严重肝脏疾病。

(2) TT缩短：见于某些异常纤维蛋白血症。

(3) 溶栓治疗监测：溶栓治疗时，一般维持TT值在正常对照值的1.5～2.5倍为宜，不宜超过正常对照值的3倍。

【方法学评价】

(1) TT测定是检测共同凝血途径常用的筛查试验，能直接反映纤维蛋白原有无异常，其含量降低时TT测定结果延长。但当纤维蛋白原含量过高时可抑制纤维蛋白单体交联，亦能引起TT延长；此外，异常纤维蛋白原血症可引起TT测定结果的延长或缩短，故TT检测纤维蛋白原含量及功能时存在一定误差。

(2) TT延长也可提示血浆中肝素或类肝素物质增多，后者见于DIC、过敏性休克，应用氮芥、放疗后等。结合甲苯胺蓝纠正试验可进一步明确，若TT延长的结果被纠正或明显缩短，则提示TT延长由血浆中肝素或类肝素物质增多引起。

(3) 近年来，在TT测定基础上发展了一种新型的内源性凝血酶潜能(endogenous thrombin potential，ETP)试验，其能测定凝血酶活性，可以更好地评估凝血与止血危险。

【思考题】

(1) 试述TT测定原理及其临床意义。

(2) 试述TT测定的注意事项。

实验四　凝血因子促凝活性检测

（一）凝血因子Ⅷ、Ⅸ、Ⅺ、Ⅻ促凝活性检测

【实验目的】

掌握凝血因子Ⅷ、Ⅸ、Ⅺ、Ⅻ促凝活性检测的原理及临床意义，熟悉其检测方法、注意事项。

【实验原理】

将稀释的正常人新鲜混合血浆（参考血浆）、受检血浆分别与乏因子Ⅷ、Ⅸ、Ⅺ、Ⅻ基质血浆混合，按 APTT 测定方法进行检测，通过比较参考血浆与受检血浆纠正乏因子血浆引起异常 APTT 的能力，检测各凝血因子促凝活性。将受检血浆测定结果与参考血浆测定结果进行比较，可分别计算得到受检血浆中因子Ⅷ（FⅧ：C）、Ⅸ（FⅨ：C）、Ⅺ（FⅪ：C）、Ⅻ（FⅫ：C）促凝活性相当于正常人的百分率。

【实验器材】

1. 试剂　乏因子Ⅷ、Ⅸ、Ⅺ、Ⅻ基质血浆，活化部分凝血活酶试剂，0.025mol/L 氯化钙溶液，咪唑缓冲液（pH 7.3）、参考血浆。

2. 器材　真空采血管（枸橼酸钠凝血试验管）、采血针、碘酊、硅化玻璃试管、离心机、秒表、微量加样器、水浴箱、血凝仪。

【实验步骤】

1. 空白管测定　取基质血浆、咪唑缓冲液、活化部分凝血活酶试剂各 0.1ml，混匀后置 37℃水浴中预热 3min；加入 0.1ml 37℃预温的 0.025mol/L 氯化钙溶液，快速混匀并立刻启动秒表，观察结果并记录纤维蛋白丝出现的时间。控制空白管血浆凝固时间在 240～250s，必要时调整活化部分凝血活酶试剂浓度。

2. 标准曲线制备　参考血浆用咪唑缓冲液按 1∶10、1∶20、1∶40、1∶80、1∶160 稀释度进行倍比稀释；取 0.1ml 上述各稀释度血浆分别与 0.1ml 乏因子Ⅷ、Ⅸ、Ⅺ、Ⅻ基质血浆、0.1ml 活化部分凝血活酶试剂混合，置 37℃水浴中温育 3min；分别加入 0.1ml 37℃预温的 0.025mol/L 氯化钙溶液，快速混匀并立刻启动秒表，观察结果并记录纤维蛋白丝出现的时间。以 1∶10 稀释的标本为 100%促凝活性，以稀释度对数（换为因子活性水平）为横坐标，血浆凝固时间为纵坐标，在双对数纸上绘制标准曲线，计算回归方程。

3. 受检血浆检测　常规采集静脉血，经 0.109mol/L 枸橼酸钠溶液（pH 7.5）抗凝处理，离心分离血浆，用咪唑缓冲液做 1∶20 稀释，测定方法同标准曲线制备方法。每份标本重复测定 2 次，取平均值。

【实验结果】

1. 结果计算　根据受检血浆凝固时间，从标准曲线上查到各因子相应的促凝活性（或通过回归方程进行计算），结果乘以 2，即为受检血浆中各因子促凝活性测定值。

2. 参考范围　FⅧ：C 为（103.0±25.7）%；FⅨ：C 为（98.1±30.4）%；FⅪ：C 为（100.0±18.4）%；FⅫ：C 为（92.4±20.7）%。

【注意事项】

（1）口服避孕药可使凝血因子Ⅷ、Ⅸ、Ⅺ、Ⅻ等活性明显增高，剧烈运动或输注肾上腺

素时Ⅷ因子活性会快速上升。

(2) 受检全血标本宜选用枸橼酸钠抗凝剂处理,与草酸钠抗凝剂相比,凝血因子Ⅴ和Ⅷ在枸橼酸钠中更为稳定。

(3) 乏因子血浆采用免疫吸附法由正常血浆制备而来,目前市场有商品化乏因子血浆试剂盒。进行该检测项目时,应保证残留的因子Ⅷ、Ⅸ、Ⅺ、Ⅻ活性水平≤1%,而其他因子水平正常。未开瓶的乏因子血浆储存在2~8℃;解冻时必须在37℃环境下10min内完成,解冻后血浆在15~25℃可放置2h。

(4) 每次检测均应用参考血浆制备标准曲线,根据中华人民共和国卫生行业标准凝血因子活性测定总则(WS/T 220-2002)规定,参考血浆是至少20人份以上健康男女(年龄18~55岁,未服用任何药物,女性需非妊娠、非月经期)各半的混合血浆,凝血因子活性应保持在(1±0.2)U/ml,同时应采用WHO的原级或次级标准进行校正。

(5) 每次检测应设置空白对照,其凝固时间反映乏因子基质血浆的质量,要求空白对照的凝固时间必须较标准曲线上因子活性为1%的凝固时间长。

(6) 其余同APTT测定注意事项。

【临床意义】

(1) 血浆FⅧ:C、FⅨ:C、FⅪ:C、FⅫ:C水平增高:主要见于高凝状态、血栓性疾病,尤其是静脉血栓形成性疾病(如深静脉血栓形成)、肾病综合征、口服避孕药、妊娠高血压综合征、恶性肿瘤等。

(2) 血浆FⅧ:C、FⅨ:C、FⅪ:C、FⅫ:C水平减低。

1) 血浆FⅧ:C减低:主要见于血友病A,根据FⅧ:C水平可分为重型(≤1%)、中型(>1%~≤5%)、轻型(>5%~≤25%)、亚临床型(>25%~45%);其次见于血管性血友病(1型、3型)、DIC以及因子Ⅷ抑制物的存在。

2) 血浆FⅨ:C减低:主要见于血友病B(临床分型同血友病A);其次见于肝脏疾病、依赖维生素K凝血因子缺乏症以及DIC等。

3) 血浆FⅪ:C减低:见于先天性因子Ⅺ缺乏症、肝脏疾病和DIC等。

4) 血浆FⅫ:C减低:见于先天性因子Ⅻ缺乏症、肝脏疾病和DIC等。

【方法学评价】

(1) 本试验是在内源性凝血系统筛查试验APTT测定基础上进行各因子促凝活性检测,结果较筛查试验更敏感、可靠。

(2) 同时检测各凝血因子促凝活性和抗原含量,可对先天性凝血因子缺乏症进行分型:①交叉反应物(cross reaction material,CRM)阴性(CRM^-),由凝血因子合成减少引起,表现为凝血因子促凝活性和抗原含量同时减低;②交叉反应物阳性(CRM^+),由凝血因子分子结构异常引起,表现为凝血因子促凝活性减低,而抗原含量正常或偏高。

(3) 该试验操作较为复杂,对血液制品的制备和保存等要求较高,在一定程度上限制了其在一般基层医院的开展、普及。

【思考题】

试述凝血因子Ⅷ、Ⅸ、Ⅺ、Ⅻ促凝活性检测的原理及临床意义。

（二）凝血因子Ⅱ、Ⅴ、Ⅶ、Ⅹ促凝活性检测

【实验目的】

掌握凝血因子Ⅱ、Ⅴ、Ⅶ、Ⅹ促凝活性检测的原理、临床意义，熟悉其检测方法、注意事项。

【实验原理】

将稀释的正常人新鲜混合血浆（参考血浆）、受检血浆分别与乏因子Ⅱ、Ⅴ、Ⅶ、Ⅹ基质血浆混合，按凝血酶原时间（PT）测定方法进行检测，通过比较参考血浆与受检血浆纠正乏因子血浆引起异常PT的能力，进行各凝血因子促凝活性检测。将受检血浆测定结果与参考血浆测定结果进行比较，即可分别计算得到受检血浆中因子Ⅱ（FⅡ：C）、Ⅴ（FⅤ：C）、Ⅶ（FⅦ：C）、Ⅹ（FⅩ：C）促凝活性相当于正常人的百分率。

【实验器材】

1. 试剂　乏因子Ⅱ、Ⅴ、Ⅶ、Ⅹ基质血浆，组织凝血活酶试剂，0.025mol/L氯化钙溶液，咪唑缓冲液（pH 7.3），参考血浆。

2. 器材　真空采血管（枸橼酸钠凝血试验管）、采血针、碘酊、硅化玻璃试管、离心机、秒表、微量加样器、水浴箱、血凝仪。

【实验步骤】

1. 空白管测定　取基质血浆、咪唑缓冲液各0.1ml，加入组织凝血活酶试剂0.1ml，37℃温育30s，加入37℃预温的0.025mol/L氯化钙溶液0.1ml，快速混匀并立刻启动秒表，观察结果并记录纤维蛋白丝出现的时间。

2. 标准曲线制备　参考血浆用咪唑缓冲液按1：10、1：20、1：40、1：80、1：160稀释度进行倍比稀释；取0.1ml上述各稀释度血浆分别与0.1ml乏因子Ⅱ、Ⅴ、Ⅶ、Ⅹ基质血浆，0.1ml组织凝血活酶试剂混合，置37℃水浴中温育30s；分别加入0.1ml 37℃预温的0.025mol/L氯化钙溶液，快速混匀并立刻启动秒表，观察结果并记录纤维蛋白丝出现的时间。以1：10稀释的标本为100%促凝活性，以稀释度对数（换为因子活性水平）为横坐标，所需血浆凝固时间为纵坐标，在双对数纸上绘制标准曲线，计算回归方程。

3. 受检血浆检测　常规采集静脉血，经0.109mol/L枸橼酸钠溶液（pH 7.5）抗凝处理，离心分离血浆，用咪唑缓冲液做1：20稀释，测定方法同标准曲线制备方法。每份标本重复测定2次，取平均值。

【实验结果】

1. 结果计算　根据受检血浆凝固时间，从标准曲线上查到各因子相应的促凝活性（或通过回归方程进行计算），结果乘以2，即为受检血浆中各因子促凝活性测定值。

2. 参考范围　FⅡ：C为（97.7±16.7）%；FⅤ：C为（102.4±30.9）%；FⅦ：C为（103.0±17.3）%；FⅩ：C为（103.0±19.0）%。

【注意事项】

（1）标本抗凝处理，乏因子血浆要求及标准曲线制备同凝血因子Ⅷ、Ⅸ、Ⅺ、Ⅻ促凝活性检测注意事项。

（2）标本检测注意事项同PT测定。

【临床意义】

(1) 血浆FⅡ:C、FⅤ:C、FⅦ:C和FⅩ:C水平增高:主要见于高凝状态、血栓性疾病。

(2) 血浆FⅡ:C、FⅤ:C、FⅦ:C和FⅩ:C水平减低:见于先天性凝血因子Ⅱ、Ⅴ、Ⅶ、Ⅹ缺乏,但临床少见;获得性凝血因子减低者较常见于肝脏疾病、依赖维生素K凝血因子缺乏症、DIC、口服抗凝剂及血循环中有上述凝血因子的抑制物等。

【方法学评价】

(1) 本试验是在外源性凝血系统筛选试验PT测定基础上进行各相应因子促凝活性检测,检测结果较筛查试验更敏感、可靠。

(2) 目前FⅡ:C、FⅤ:C、FⅦ:C和FⅩ:C的测定主要用于肝脏严重受损时的检查,肝脏疾病早期即可有FⅦ:C减低,FⅤ:C的测定在肝损伤和肝移植中应用较多。

(3) 其余同凝血因子Ⅷ、Ⅸ、Ⅺ、Ⅻ促凝活性检测。

【思考题】

试述凝血因子Ⅱ、Ⅴ、Ⅶ、Ⅹ促凝活性检测的原理及临床意义。

实验五 纤维蛋白原含量检测

【实验目的】

掌握凝血酶法(von Clauss法)测定纤维蛋白原的原理、方法、结果判断及临床意义。

【实验原理】

von Clauss法:在凝血酶作用下,血浆纤维蛋白原(fibrinogen,Fg)可转变为稳定的交联纤维蛋白,受检血浆加入凝血酶后的凝固时间与血浆纤维蛋白原含量呈负相关。用经标定纤维蛋白原含量的血浆制备标准曲线,通过标准曲线或回归方程可得到受检血浆中纤维蛋白原(Fg)含量。

【实验器材】

1. 试剂 巴比妥缓冲液(pH 7.35)(或咪唑缓冲液)、凝血酶试剂、纤维蛋白原标准品(经标定纤维蛋白原含量的血浆)。

2. 器材 真空采血管(枸橼酸钠凝血试验管)、采血针、碘酊、硅化玻璃试管、离心机、秒表、微量加样器、水浴箱、血凝仪。

【实验步骤】

1. 手工法

(1) 标准曲线制备:用巴比妥缓冲液(或咪唑缓冲液)将纤维蛋白原标准品稀释成0.8g/L、1.6g/L、2.4g/L、4.0g/L系列浓度,再用巴比妥缓冲液将各管作1:10倍稀释;各取0.2ml不同稀释度标准品,置37℃水浴预热2min,分别加入0.1ml 37℃预温的凝血酶试剂,观察结果并记录血浆凝固时间。以标准品浓度为横坐标,以相应的血浆凝固时间为纵坐标,绘制标准曲线。

(2) 受检血浆检测:常规采集静脉血,经0.109mol/L枸橼酸钠溶液(pH 7.5)抗凝处理,离心分离血浆,用巴比妥缓冲液(或咪唑缓冲液)做1:10稀释,测定方法同标准曲线制备方法。每份标本重复测定2次,取平均值。

2. 血凝仪法

(1) 标本采集及处理同手工法。

(2) 将含凝血酶试剂置于仪器试剂架上;将反应杯置于相应位置;将纤维蛋白原标准品、受检血浆置于样本架上。

(3) 设置仪器检测程序,启动检测即可。

【实验结果】

1. 结果计算

(1) 手工法:以血浆出现纤维蛋白丝为观察的凝固终点,根据受检血浆凝固时间,从标准曲线上查到相应的纤维蛋白原含量(或通过回归方程进行计算)。

(2) 血凝仪法:由仪器自动记录血浆凝固时间,并换算出纤维蛋白原含量。

2. 参考范围　Fg:(2~4)g/L。

【注意事项】

(1) 凝血酶试剂、纤维蛋白原标准品和受检血浆应严格按要求进行稀释。

(2) 受检血浆中 Fg 含量大于 4g/L 或小于 0.8g/L 时,需做适当稀释后重新测定。

【临床意义】

(1) 含量增高:Fg 是一种与凝血相关的急性时相反应蛋白(acute phase proteins,APP),其含量增高可见于糖尿病、急性心肌梗死、急性传染病、急性感染、风湿病、急性肾小球肾炎、肾病综合征、灼伤、多发性骨髓瘤、休克、外科大手术后、妊娠高血压综合征、恶性肿瘤等;此外,纤维蛋白原含量增高在血栓性疾病发生、发展中亦有重要意义。

(2) Fg 含量减低:见于继发性纤溶(如 DIC)、原发性纤溶症、严重肝脏疾病、大量失血以及低(无)纤维蛋白原血症等。

(3) 溶血栓治疗、去纤维蛋白原治疗监测:采用尿激酶、链激酶等溶栓治疗,或采用蛇毒制剂进行去纤维蛋白原治疗时,可选用血浆 Fg 含量测定作为治疗监测指标之一,一般维持 Fg 含量在 1.2~1.5g/L 较为适宜。

【方法学评价】

(1) 血浆 Fg 测定方法较多,常用的有功能法、物理化学法、免疫法等。其中,建立在纤维蛋白原经凝血酶作用后形成纤维蛋白凝块基础上的功能法(如 von Clauss 法)最能直接反映纤维蛋白原的凝血功能,von Clauss 法操作简便、快速,是美国临床和实验室标准协会(Clinical and Laboratory Standards Institute,CLSI)推荐的 Fg 测定常规方法。

(2) von Clauss 法检测时,要求纤维蛋白原结构正常且具有一定含量,故当纤维蛋白原结构异常或含量极低时,本试验可出现假阴性,此时应采用其他方法进行检测。

【思考题】

(1) 试述纤维蛋白原含量检测的原理及临床意义。

(2) 试述 von Clauss 法检测 Fg 含量的局限性。

第二节　抗凝物质检验

抗凝系统起血液凝固调节作用。作为最重要的生理性抗凝物质之一,抗凝血酶

(antithrombin,AT)含量或活性减低可使血液凝固性增高,易于形成血栓,抗凝血酶缺乏是发生静脉血栓与肺栓塞的常见原因之一。抗凝血酶检测包括抗原含量和活性检测,两者同时检测有助于先天性抗凝血酶缺陷症的分型。

实验六 抗凝血酶检测

【实验目的】

掌握抗凝血酶抗原含量、活性测定的原理及临床意义,熟悉其检测方法。

(一) 抗凝血酶抗原含量检测

【实验原理】

双抗体夹心酶联免疫吸附法(enzyme-linked immunosorbent assay,ELISA):将抗人AT单克隆抗体包被于酶标板,依次加入受检血浆、酶标抗AT抗体,形成固相抗体-抗原-酶标抗体的夹心复合物,加入显色底物,反应物显色深浅与受检血浆中抗凝血酶抗原含量(antithrombin antigen,AT:Ag)呈正相关关系。

【实验器材】

1. 试剂 抗人AT单克隆抗体、酶标抗AT抗体、包被缓冲液、样品稀释液、洗涤液、1mg/ml邻苯二胺显色液、3mol/L硫酸终止液、AT标准品。

2. 器材 离心机、酶标仪、水浴箱、湿盒、微量加样器、试管、空白酶标板。

【实验步骤】

1. 标准曲线制备

(1) 包被:用包被缓冲液将抗人AT单克隆抗体进行适当稀释,加入酶标板的反应孔中,4℃包被过夜,取出后用洗涤液洗涤。

(2) 加样:用样品稀释液将AT标准品进行系列稀释,按每孔0.1ml加入到含固相抗体的酶标板反应孔中,37℃孵育2h,洗涤液洗涤3次,扣干。

(3) 加酶标抗AT抗体:按每孔0.1ml加入适当浓度的酶标抗AT抗体,37℃孵育2h,洗涤液洗涤3次,扣干。

(4) 显色:每孔加入新鲜配制的1mg/ml邻苯二胺显色液,显色10min。

(5) 终止:每孔加入0.05ml 3mol/L硫酸终止液终止反应。

(6) 比色:在酶标仪上测定492nm波长处各孔吸光度值。

2. 受检标本测定 用样品稀释液将受检血浆进行适当稀释,同标准曲线制备方法检测受检标本AT:Ag。

【实验结果】

(1) 结果计算:在半对数坐标纸上,以标准品的抗凝血酶抗原(AT:Ag)浓度为横坐标(X),以相应吸光度值为纵坐标(Y),绘制标准曲线。根据受检标本的吸光度值,从标准曲线上查到相对应的AT:Ag值,再乘以稀释倍数,得到受检标本中AT:Ag含量。

(2) 参考范围:(290.0±30.2)mg/L。

【注意事项】

(1) 血凝块的形成可消耗抗凝血酶,导致血清AT:Ag水平偏低,故本试验不宜采用血清标本进行检测，同时应避免使用有血凝块的标本。

(2) 采集标本后可分离血浆，小量分装后低温保存；检测前迅速置于 37℃解冻，并平衡至室温方可用于检测，应注意避免标本反复冻融。

【临床意义】

见 AT：A 检测。

【方法学评价】

见 AT：A 检测。

【思考题】

见 AT：A 检测。

(二) 抗凝血酶活性测定

【实验原理】

发色底物法：血浆中抗凝血酶在肝素的辅助作用下，能与凝血酶形成 1：1 复合物，使凝血酶失去将纤维蛋白原转变为纤维蛋白的活性。在受检血浆中加入过量凝血酶，其与血浆中抗凝血酶形成复合物，剩余的凝血酶作用于发色底物如 S2238，后者可裂解出显色基团如对硝基苯胺，显色程度与剩余凝血酶的活性呈正相关，与受检血浆中抗凝血酶活性(antithrombin activity，AT：A)呈负相关。

【实验器材】

1. 试剂　Tris-肝素缓冲液、凝血酶溶液、底物 S2238、50%乙酸终止液、AT 标准品。

2. 器材　离心机、水浴箱、微量加样器、水浴箱、分光光度计。

【实验步骤】

1. 标准曲线制备

(1) 用 Tris-肝素缓冲液将 AT 标准品进行适当稀释，混匀，37℃温育 5min。

(2) 分别加入 50μl 凝血酶溶液，混匀，37℃温育 30s。

(3) 分别加入 150μl 底物，混匀，37℃温育 30s。

(4) 分别加入 150μl 50%乙酸溶液终止反应，测定 405nm 波长处吸光度值。

2. 受测标本测定　取 0.2ml 受检血浆与 1.0 ml Tris-肝素缓冲液混合，同标准曲线制备方法检测 AT：A。

【实验结果】

(1) 结果计算：以标准品的 AT：A 为横坐标(X)，以相应的吸光度值为纵坐标(Y)，绘制标准曲线。根据受检标本吸光度值，从标准曲线上查到相应的 AT：A 值(或通过回归方程进行计算)，再乘以稀释倍数，得到受检标本中 AT：A 值。

(2) 参考范围：(108.5±5.3)%。

【注意事项】

见 AT：Ag 检测。

【临床意义】

(1) AT 增高：见于某些出血性疾病如血友病；口服抗凝药、黄体酮类药使用者可见 AT 增高。

（2）AT 减低

1）先天性 AT 缺乏：①交叉反应物质阴性型（CRM^-）（Ⅰ型 AT），AT 抗原含量和 AT 活性同步下降；②交叉反应物质阳性型（CRM^+）（Ⅱ型），AT 抗原含量正常，AT 活性下降。

2）获得性 AT 缺乏：①AT 合成减低，主要见于严重肝脏疾病（如肝硬化、重症肝炎、肝癌晚期等），常与疾病严重程度相关，可伴发血栓形成；②AT 丢失增加，见于肾病综合征；③AT消耗增加，见于血栓前期和血栓性疾病（如心绞痛、心肌梗死、脑血管疾病、DIC、外科手术后、深静脉血栓形成、肺梗死、妊娠高血压综合征等）。

3）肝素治疗监测：肝素抗凝需依赖 AT，故肝素抗凝治疗时可监测血浆 AT 活性（AT：A），一般维持 AT：A 在 80%～120%为宜。当 AT：A 低于 70%时提示肝素疗效减低，低于 30%时提示肝素抗凝治疗无效。

【方法学评价】

（1）AT 活性及抗原含量检测受年龄、性别的影响较小，因而参考值范围较窄。

（2）AT 活性与 AT 抗原同时测定可用于先天性 AT 缺乏症的诊断分型。

（3）AT 在肝素协同作用下，对凝血酶的灭活能力占抗凝系统作用的 60%～70%。当 AT 抗原含量和活性均降低时，机体抗凝作用减弱，易于形成血栓。临床上，AT 缺陷被认为是深静脉血栓（deep venous thrombosis，DVT）形成的重要危险因素之一，AT 检测对 DVT 诊断的特异性较强，但灵敏度不高。

（4）血浆 AT 作为急性血栓发作期的反应物可表现为一过性降低，故用于易栓症检测时应在患者发病 6 周后进行，以确保急性期反应蛋白恢复到生理水平。

【思考题】

试述抗凝血酶抗原含量及活性测定的原理、临床意义。

第三节　纤溶活性检验

纤溶系统包括纤溶酶原、纤溶酶原激活剂、纤溶酶原激活抑制物、纤溶酶、抗纤溶酶等。纤溶过程是指纤溶酶原在特异性激活剂作用下转化为纤溶酶，后者降解纤维蛋白原、纤维蛋白的过程，其主要作用是清除凝血过程产生的纤维蛋白，保持血管畅通，防止血栓形成或使已形成的血栓溶解。纤溶活性增高可引起出血，纤溶活性减低易导致血栓形成，因此，纤溶活性检测具有重要的临床价值。其中，纤维蛋白（原）降解产物（fibrin/fibrinogen degradation products，FDPs）检测和 D-二聚体（D-dimer，D-D）检测是反映纤溶活性亢进的两项最重要、最常用的筛查试验。

实验七　纤维蛋白（原）降解产物检测

【实验目的】

掌握胶乳凝集法、双抗体夹心 ELISA 法检测纤维蛋白（原）降解产物（FDPs）的原理、方法、结果及临床意义。

【实验原理】

纤维蛋白原降解产物和纤维蛋白降解产物统称为纤维蛋白（原）降解产物（FDPs），是纤溶活性增强的常用筛查试验。FDPs 检测常用方法包括定性、半定量检测的胶乳凝集法、定量检测的 ELISA 法。

（1）胶乳凝集法：将抗 FDPs 单克隆抗体包被在胶乳颗粒上，加入受检血浆，若受检血浆中存在一定量的 FDPs，则可与胶乳颗粒上的相应抗体结合形成肉眼可见的凝集。

（2）双抗体夹心 ELISA 法：用纯化的抗人 FDPs 单克隆抗体包被酶标反应板制成固相载体，依次加入受检血浆、辣根过氧化物酶标记的抗人 FDPs 抗体，形成固相抗体-抗原-酶标抗体复合物使底物显色，显色的深浅与受检血浆中 FDPs 含量呈正相关关系。

【实验器材】

1. 试剂　FDP 胶乳凝集测定试剂盒、FDP 酶联免疫吸附测定试剂盒、FDPs 标准品。

2. 器材　离心机、酶标仪、水浴箱、湿盒、微量加样器、试管、搅拌棒、空白酶标板。

【实验步骤】

1. 胶乳凝集法

（1）标本采集及处理：常规静脉采血，用 0.109mol/L 枸橼酸钠溶液（pH 7.5）按 1∶9 比例抗凝，充分混匀，1000r/min 离心 10min，分离血浆。

（2）用微量加样器吸取 20μl 胶乳试剂于胶乳反应板，再加入 20μl 受检血浆，用玻棒搅匀，轻轻摇动反应板 3～5min。

（3）在较强光线下观察凝集结果。

（4）受检血浆为阳性者，可用缓冲液作 1∶2、1∶4、1∶8、1∶16 等倍比稀释，重复上述步骤进行 FDPs 含量检测，以发生凝集反应的最高稀释度为反应终点。

2. 双抗体夹心 ELISA 法

（1）标本采集及处理同胶乳凝集法。

（2）包被：用包被缓冲液将抗人 FDPs 单克隆抗体进行适当稀释，加入酶标板的反应孔中，4℃孵育过夜，取出后用洗涤液洗涤。

（3）加样：用样品稀释液将受检血浆、FDPs 标准品进行适当稀释，分别加入到含固相抗体的酶标板反应孔中，37℃孵育 2h，洗涤液洗涤 3 次，扣干。

（4）加酶标抗 FDPs 抗体：每孔加入酶标抗 FDPs 抗体，37℃孵育 2h，洗涤液洗涤 3 次，扣干。

（5）显色：每孔加入新鲜配制的显色反应液，湿盒孵育 10min。

（6）终止：每孔加入终止液终止反应。

（7）比色：在酶标仪上测定 492nm 波长处各孔吸光度值，空白对照孔调零点。

【实验结果】

1. 结果判断

（1）胶乳凝集法：以出现明显均一凝集者为阳性，无凝集者为阴性。

（2）双抗体夹心 ELISA 法：在半对数坐标纸上，以标准品的 FDPs 浓度为横坐标（X），相应的吸光度值为纵坐标（Y），绘制标准曲线。根据受检标本吸光度值，从标准曲线上查到相应的 FDPs 值（或经回归方程计算），再乘以稀释倍数，得到受检标本中 FDPs 含量。

2. 参考范围

（1）胶乳凝集法：阴性。

（2）双抗体夹心 ELISA 法：<5mg/L。

【注意事项】

(1) 溶血、高脂会影响样品 FDPs 检测结果,应避免使用。

(2) 受检血浆如不立即进行检测,应小量分装后保存于-20℃,避免反复冻融。

(3) 保存于-20℃的试剂置室温下解冻,待平衡至室温后经充分混匀使用,应避免起泡。

(4) 如受检血浆中 FDPs 含量过高,超过标准品上限值时,应用样品稀释液进行适当稀释,使样品符合试剂盒检测范围,结果计算时需乘以稀释倍数。

(5) 受检标本应进行重复测定,以保证检测结果的准确性。

【临床意义】

(1) 原发性纤溶亢进时,FDPs 含量明显增高。

(2) 继发性纤溶亢进时(如 DIC、恶性肿瘤、肺栓塞、肾脏疾病、肝脏疾病等),FDPs 含量增高。

【方法学评价】

(1) FDPs 是体内纤维蛋白溶解亢进的标志,原发性纤溶亢进和继发性纤溶亢进时均可增高。

(2) FDPs 检测的胶乳凝集法快速、经济、适合于单个样本检测,但其敏感性较差。ELISA 法灵敏度较高,并可进行 FDPs 定量,结果更为精确。

【思考题】

试述胶乳凝集法、双抗体夹心 ELISA 法检测纤维蛋白(原)降解产物的原理及其临床意义。

实验八 D-二聚体检测

【实验目的】

掌握胶乳凝集法、双抗体夹心 ELISA 法检测 D-二聚体(D-D)的原理、方法、结果判断及临床意义。

【实验原理】

(1) 胶乳凝集法:将抗 D-D 单克隆抗体包被在胶乳颗粒上,加入受检血浆,若受检血浆中存在一定量的 D-D,则可与胶乳颗粒上的相应抗体结合形成肉眼可见的凝集。

(2) 双抗体夹心 ELISA 法:用纯化的抗人 D-D 单克隆抗体包被酶标反应板,依次加入受检血浆、辣根过氧化物酶标记的抗人 D-D 抗体,形成的固相抗体-抗原-酶标抗体复合物可使底物显色,反应物显色深浅与受检血浆中 D-D 含量成正比。

【实验器材】

1. 试剂 D-D 胶乳凝集测定试剂盒、D-D 酶联免疫吸附测定试剂盒、D-D 标准品。

2. 器材 离心机、酶标仪、水浴箱、湿盒、微量加样器、试管、搅拌棒、空白酶标板。

【实验步骤】

1. 胶乳凝集法

(1) 标本采集及处理:常规静脉采血,用 0.109mol/L 枸橼酸钠溶液(pH 7.5)按 1∶9 比例抗凝,充分混匀,1000r/min 离心 10min,分离血浆。

(2) 用微量加样器吸取 25μl 胶乳试剂于胶乳反应板，再加入 10μl 受检血浆，立即用玻棒搅匀，轻轻摇动 3~5min。

(3) 在较强光线下观察凝集结果。

(4) 受检血浆为阳性者，可用缓冲液作 1∶2、1∶4、1∶8、1∶16 等系列倍比稀释，重复上述测定方法，以发生凝集反应的最高稀释度为反应终点。

2. 双抗体夹心 ELISA 法

(1) 标本采集及处理同胶乳凝集法。

(2) 包被：用包被缓冲液将抗人 D-D 单克隆抗体进行适当稀释，加入酶标板的反应孔中，4℃孵育过夜，取出后用洗涤液洗涤。

(3) 加样：用样品稀释液将受检血浆、D-D 标准品进行适当稀释，分别加入到含固相抗体的酶标板反应孔中，37℃孵育 2h，洗涤液洗涤 3 次，扣干。

(4) 加酶标抗 D-D 抗体：每孔加入酶标抗 D-D 抗体，37℃孵育 2h，洗涤液洗涤 3 次，扣干。

(5) 显色：每孔加入新鲜配制的底物进行显色反应，置于湿盒，37℃孵育 10min。

(6) 终止：每孔加入终止液终止反应。

(7) 比色：在酶标仪上测定 495nm 波长处各孔吸光度值，空白对照孔调零点。

【实验结果】

1. 结果判断

(1) 胶乳凝集法：与阴性对照相比，出现明显粗大凝集颗粒者为阳性，无凝集者为阴性。

(2) 双抗体夹心 ELISA 法：在半对数坐标纸上，以标准品的 D-D 浓度为横坐标(X)，其相应的吸光度值为纵坐标(Y)，绘制标准曲线。根据受检标本吸光度值，从标准曲线上查到相应的 D-D 值(或经回归方程计算)，再乘以稀释倍数，得到受检标本中 D-D 含量。

2. 参考范围

(1) 胶乳凝集法：阴性。

(2) 双抗体夹心 ELISA 法：0~0.256mg/L。

【注意事项】

(1) 血浆样品在常温下保存 8h，4℃下 4 天，-20℃以下 1 个月。如不立即进行检测，应小量分装后保存于-20℃，避免反复冻融，临用前于室温下解冻，充分混匀后使用。

(2) 保存于-20℃的试剂置室温下解冻，并平衡至室温，充分混匀后使用。

(3) 如受检血浆中 D-D 含量过高，超过标准品上限值时，应用样品稀释液进行适当稀释，使样品符合试剂盒检测范围，结果计算时需乘以稀释倍数。

(4) 受检标本应进行重复测定，以保证检测结果的准确性。

【临床意义】

D-D 是纤溶活性增强的常用筛选试验。

(1) 用于鉴别原发性纤溶亢进症和继发性纤溶亢进症：前者 D-D 阴性或不升高，后者 D-D 阳性或增高。

(2) 继发性纤溶亢进时，D-D 明显增高，主要见于 DIC，是早期诊断 DIC 的重要依据。

(3) 溶栓治疗有效的观察指标：溶栓治疗有效时，D-D 表现为明显上升，后逐渐下降，特异性较 FDPs 高。

【方法学评价】

(1) D-D 是交联纤维蛋白的特异性降解产物,其生成或含量增高反映了凝血系统和纤溶系统的非特异性激活,对继发性纤溶如 DIC 的诊断具有较好的敏感性。此外,D-D 检测的阴性结果对排除深静脉血栓、肺栓塞具有重要价值。

(2) 常规胶乳凝集试验可进行 D-D 的定性、半定量检测,此外,因胶乳颗粒聚集导致光散射减少可引起凝集和沉淀浊度变化,借助分析仪尚能进行 D-D 定量分析。定性检测操作简单、快速,半定量检测须经多次倍比稀释,对试剂消耗较大,且结果重复性差。

(3) 常规 ELISA 法灵敏度较高,被认为是测定 D-D 含量的参考标准方法,但其对实验室要求高,耗时较长,对单个样本的检测不实用。若使用荧光标记抗 D-D 抗体、发色剂标记抗 D-D 抗体或碱性磷酸酶标记抗 D-D 抗体,可进行快速定量 ELISA 法、快速半定量 ELISA 法或快速定性 ELISA 法检测,能明显缩短检测时间。

【思考题】

试述胶乳凝集法、双抗体夹心 ELISA 法检测 D-二聚体的原理及其临床意义。

(肖 芸)

第二篇　血液学检验综合性和设计性实验

第五章　血液学检验综合性和设计性实验

综合性实验是将临床检验诊断学科中一门或多门课程教学内容综合,以实现对某疾病或某病理改变实验诊断的目的。本章教学内容通过综合应用多学科知识,旨在培养学生的科学思维、创新思维和提高实际动手能力,巩固基础理论知识,提高对所学知识灵活运用的能力。通过对造血、红细胞疾病、白细胞疾病以及血栓与止血障碍性疾病检验的验证性实验的学习,对血液学检验的基本方法与技能已基本掌握。本章挑选了具有代表性的溶血性贫血的实验室诊断、急性白血病 MICM 分型两个综合性实验,同学们需综合运用所学知识和实验方法、实验技术来分析、解决问题。

设计性实验是指在教师的指导下,学生自行探索和完成实验设计、实验准备、实验操作及实验结果分析,直至最终完成实验报告全过程。设计性实验可使学生在文献检索、课题设计、实验操作、统计分析等多方面得到训练,同时使其充分发挥主观能动性。设计性实验对培养学生创新思维、团队合作精神和提高学生实践能力等方面都有积极意义。设计性实验的主体内容要求学生自行完成实验设计,掌握实验设计的基本要素和原则十分必要。实验设计应包括受试对象、处理因素及实验效应三个基本要素,并需遵循对照原则、随机化原则、重复原则、均衡原则及盲法原则等。

综合性实验一　溶血性贫血的实验室诊断

溶血性贫血(hemolytic anemia,HA)系指红细胞破坏加速,寿命缩短,骨髓造血功能代偿增生不足补偿红细胞的耗损而引起的贫血。临床上,引起溶血性贫血的病因多,根据溶血性贫血的发病机制,溶血可由红细胞内部异常和外部因素所致,其中红细胞内部异常包括膜结构功能异常、酶缺陷、血红蛋白异常;红细胞外部因素包括免疫、物理机械、化学、感染等。

通过实验室检查,可按三个步骤对各种溶血性贫血进行实验诊断,即判断是否溶血、溶血的部位和溶血的病因。此外,患者的性别、年龄、种族、职业、饮食、家族史、各类病史、体格检查等临床资料也对其诊断至关重要。

【实验目的】

(1) 运用溶血性贫血的基本理论知识,综合选择能反映贫血及溶血的相关实验室检查，结合病史及临床资料，对典型病例进行正确分析并做出初步诊断。

（2）通过本实验掌握溶血性贫血的概念、分类、实验室诊断方法和步骤。

【病例资料】

病史：患者，男性，12 岁，苗族，贵州黔东南籍。因面色苍白伴乏力十余年反复就诊，曾用维生素 B_{12}、铁剂等治疗未见好转。既往病史、个人史无特殊，家族史：母亲患有贫血病史，父亲无明显遗传性疾病及相关类似病史，兄弟姐妹无特殊。

体格检查：体温 37℃，脉搏 96 次/分，呼吸 16 次/分。发育正常，营养中等，自主体位，神清合作，中度贫血貌。头颅五官无畸形，皮肤苍白，巩膜轻度黄染；全身浅表淋巴结不大；胸廓无畸形，胸骨无压痛，心肺无明显异常；肝脏未扪及，脾脏于肋下 2cm 可触及，无压痛。肝区、双肾区无明显叩痛。

实验室检查：WBC 8.1G/L，RBC 3.6T/L，Hb 75g/L，PLT 230G/L，MCV 50.3 fl，MCH 16.1pg，MCHC 32.7pg/L；外周血涂片可见成熟红细胞大小不一，部分红细胞中央淡染区扩大，可见靶形红细胞。

临床初诊：贫血原因待查。

【实验室诊断思路】

溶血性贫血的实验室诊断包括确定溶血性贫血的存在、判断溶血的部位、明确溶血的病因三个步骤，其实验检验诊断思路如图 5-1 所示。

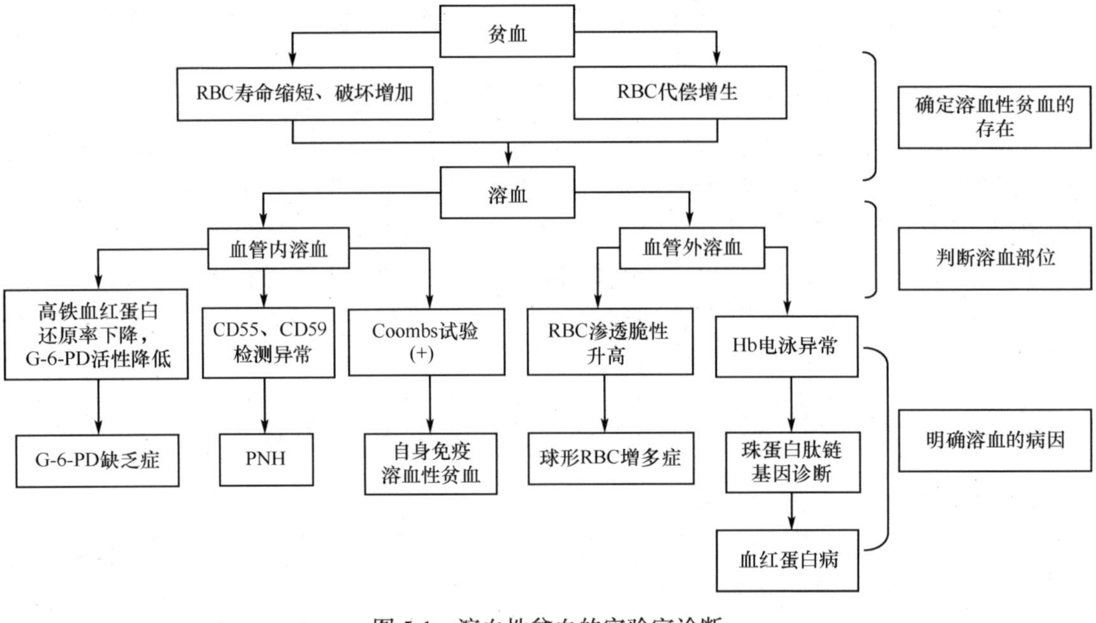

图 5-1　溶血性贫血的实验室诊断

一、确定溶血性贫血存在的实验检查

（一）骨髓及外周血细胞形态学检查

实验方法、操作步骤、结果计算、注意事项及方法学评价参考第二章第一节实验四“溶血性贫血骨髓象及血象观察”。

【实验结果】

溶血性贫血骨髓细胞形态学可呈现以下特点：

（1）骨髓有核细胞增生明显活跃。

（2）红细胞系显著增生，以“中、晚幼红细胞增多为主，其他系列细胞形态、比例无明显异常”。

（3）常伴成熟红细胞形态改变，如红细胞大小不均、中央淡染区扩大等，若出现球形红细胞、椭圆形红细胞、口形红细胞、靶形红细胞和红细胞碎片，对贫血的诊断具有重要意义。

该病例检测结果符合上述改变特点。

（二）尿血红蛋白检查

实验原理、试剂与器材、操作步骤、注意事项及方法学评价参考本套系列《临床基础检验学实验指导》中“血红蛋白尿实验”的相关内容。

【实验结果】

该病例患者尿血红蛋白可为阴性或弱阳性。

（正常人尿液中无游离血红蛋白。血红蛋白尿主要见于严重的血管内溶血、蚕豆病、PNH、免疫性溶血或机械性溶血。）

（三）尿含铁血黄素试验

实验原理、试剂与器材、操作步骤、结果计算、参考范围、注意事项及方法学评价参考本套系列《临床基础检验学实验指导》中“尿含铁血黄素试验”（Rous 试验）检测。

Rous 试验阳性提示尿中有铁排出，无论是否有血红蛋白尿，只要有慢性血管内溶血，本实验即可呈阳性反应。

【实验结果】

该病例患者检测结果呈阳性。

（正常人呈阴性。慢性血管内溶血病例本实验即可呈阳性反应，临床上，阳性结果常见于 PNH。）

（四）网织红细胞计数

实验原理、试剂与器材、操作步骤、结果计算、注意事项及方法学评价参考本套系列《临床基础检验学实验指导》中“网织红细胞计数”检测。

网织红细胞计数是评价骨髓造血功能的重要方法，对贫血疾病的诊断、鉴别诊断和疗效观察有重要价值。

【实验结果】

该病例患者网织红细胞数可增多。

（网织红细胞计数正常为 0.5%～1.5%。溶血时，网织红细胞数可增多，急性溶血高达60%以上。）

二、判断溶血发生部位的实验检查——血浆游离血红蛋白测定

【实验原理】

血红蛋白具有与过氧化物酶类似的活性，其催化 H_2O_2释放出的新生态氧可氧化无色的邻甲苯胺为蓝紫色，根据反应体系溶液的颜色深浅，通过比色测定得到血浆中游离血红蛋白的量。

【实验器材】

1. 试剂

（1）0.2%邻甲苯胺溶液：称取0.2g邻甲苯胺溶于60ml冰乙酸中，加蒸馏水至100ml。

（2）1%过氧化氢溶液：用3%过氧化氢溶液稀释而成（临用前新配）。

（3）10%乙酸溶液。

（4）Hb标准应用液：参考第二章实验十一“血红蛋白电泳”实验中血红蛋白液制作的方法制备血红蛋白溶液。用氰化高铁血红蛋白（HiCN）方法测定血红蛋白浓度，并用生理盐水调节Hb至100g/L浓度，作为Hb标准储存液，于低温冰箱保存。临用时稀释成100mg/L的Hb标准应用液。

2. 器材 离心机、分光光度计、移液管、试管。

【实验步骤】

（1）按表5-1完成加样及操作。

表5-1 加样表（ml）

加入物	空白管	标准管	测定管
Hb标准应用液	/	0.02	/
待检血浆	/	/	0.02
邻甲苯胺溶液	1.0	1.0	1.0
1%H_2O_2溶液	1.0	1.0	1.0
充分混匀，放置10min。			
10%乙酸溶液	10	10	10

（2）混匀各反应管，将分光光度计波长调至435nm处，空白管调零，检测标准管及测定管的吸光度。

【实验结果】

结果计算：$$\text{血浆游离血红蛋白(mg/L)}=\frac{\text{测定管吸光度}}{\text{标准管吸光度}}\times 100$$

该病例患者血浆游离血红蛋白不升高。

注：健康人血浆游离血红蛋白低于40mg/L。自身免疫溶血性贫血，其他血管外溶血、红细胞膜缺陷（遗传性球形红细胞增多症）多正常。血浆游离血红蛋白显著增高见于血管内溶血（蚕豆病、PNH、溶血性输血反应）时，急性血管内溶血时可超过1000mg/L。

【注意事项】

(1) 实验器材必须清洁干燥,所用试管、吸管等玻璃制品用前应用盐酸浸泡 24h,并用蒸馏水冲洗干净,避免血红蛋白污染出现假阳性结果。

(2) 严格防止在血液采集和血浆分离时红细胞破坏而溶血。

(3) 如测定管吸光度超过 0.6,应将血浆稀释后重新测定。

【方法学评价】

血浆游离血红蛋白测定能有效判断红细胞的破坏程度,也有助于明确溶血发生的部位。

三、确定溶血病因的实验检查

(一) 红细胞渗透脆性试验

实验原理、试剂与器材、操作步骤、结果计算、参考范围、临床意义、注意事项及方法学评价参考本书第二章第二节实验八“红细胞渗透脆性试验”。

【实验结果】

该病例患者红细胞的渗透脆性减低。

(正常人红细胞渗透脆性正常;溶血性贫血患者红细胞的渗透脆性增加,提示溶血可能是红细胞膜异常等引起,如遗传性球形红细胞增多症和椭圆形红细胞增多症等。)

(二) 高铁血红蛋白还原试验和葡萄糖-6-磷酸脱氢酶活性检测

实验原理、试剂与器材、操作步骤、结果计算、临床意义、注意事项及方法学评价参考本书第二章第二节实验九“高铁血红蛋白还原试验”及实验十“葡萄糖-6-磷酸脱氢酶活性检测”。

由于红细胞内酶缺陷所致的溶血性贫血——葡萄糖-6-磷酸脱氢酶缺乏症者 G-6-PD 活性下降。

【实验结果】

本病例患者红细胞的 G-6-PD 活性检测结果在正常范围内,提示可排除由红细胞酶异常等引起的溶血。

(三) 血红蛋白电泳

常规的 pH 8.6 乙酸纤维薄膜电泳的实验原理、试剂与器材、操作步骤、结果计算、临床意义、注意事项及方法学评价参考本书第二章第二节实验十一“血红蛋白电泳”。

此外,pH 6.5 磷酸盐缓冲液乙酸纤维薄膜电泳适于分离 HbA 与 HbBarts 及 HbH。

【实验结果】

本病例患者红细胞的血红蛋白电泳检测出现异常结果,提示患者红细胞 Hb 异常,根据血红蛋白电泳区带特点判断 Hb 蛋白异常的类型。(若为 HbA 下降、HbA_2轻度增高,符合 β 血红蛋白的生成障碍引起的溶血。)

(四) 抗人球蛋白试验

实验原理、试剂、操作步骤、结果计算、临床意义、注意事项及方法学评价见本套系列

《临床输血学检验实验指导》“直接抗人球蛋白试验”。

自身免疫溶血性贫血时，抗人球蛋白试验(Coombs试验)为阳性，此外药物免疫性溶血性贫血、同种免疫性溶血性贫血、冷凝集素综合征和阵发性寒冷性血红蛋白尿症以及系统性红斑狼疮、类风湿关节炎、传染性单核细胞增多症等Coombs试验也可为阳性。

【实验结果】

该病例患者抗人球蛋白实验结果为阴性，可排除其红细胞因免疫因素而溶血。

（五）CD55、CD59检测

实验原理、试剂与器材、操作步骤、结果计算、临床意义及方法学评价参考本书第二章第二节实验十五“CD55、CD59检测”。

PNH时CD55和CD59阳性细胞群百分比明显减低和缺如。

【实验结果】

该病例患者CD55、CD59检测结果在正常范围内，可排除系因红细胞存在对补体敏感性增加的膜缺陷而导致溶血。

（六）珠蛋白生成障碍性贫血的基因诊断

血红蛋白异常是溶血性贫血的主要病因之一，这类溶血性贫血也被称为“血红蛋白病”，是一组由于生成血红蛋白的珠蛋白肽链的结构异常或合成肽链的速度改变而引起血红蛋白功能异常所致的疾病，具有遗传性。其中，珠蛋白生成障碍性贫血主要是由于α或β-珠蛋白基因缺陷，导致α-珠蛋白链或β-珠蛋白链缺如或合成不足，进而引起贫血，珠蛋白生成障碍性贫血根据肽链缺陷类型可分为α-珠蛋白生成障碍性贫血和β-珠蛋白生成障碍性贫血。

α-珠蛋白生成障碍性贫血的基因诊断

【实验原理】

α-珠蛋白生成障碍性贫血多由α基因缺失所致，少数为点突变或碱基缺失；设计与靶序列两侧翼序列互补的引物，以基因组DNA为模板，利用体外核酸扩增技术，扩增特定片段长度的片段，通过琼脂糖凝胶电泳技术判定结果，利用单管四重PCR，可检出α-珠蛋白生成障碍性贫血中常见的$-\alpha^{3.7}$、$-\alpha^{4.2}$及$--^{SEA}$三种缺失型类型。

【实验器材】

1. 试剂

(1) 基因组DNA提取试剂：参考本系列的《分子诊断学实验指导》“全血DNA提取”实验。

(2) 阴性对照品(αα/αα)(5μl/管)。

(3) 阳性对照品($--^{SEA}$/αα)(5μl/管)。

(4) PCR反应混合液(含dNTP、Mg^{2+}、Taq酶、特异性引物等PCR反应物，21.0μl/管)。

(5) 电泳上样缓冲液。

(6) 双蒸水。

2. 器材 PCR扩增仪、电泳仪、凝胶成像系统、涡旋振荡器、离心机、微波炉、胶模、电泳槽、Eppendorf管、微量加样器等。

【实验步骤】

1. 全血基因组 DNA 提取　取抗凝全血 1.5ml，参考《分子诊断学实验指导》“全血 DNA 提取”方法及步骤进行 DNA 提取。

2. PCR 扩增　取出（-20℃保存）PCR 反应管（含 PCR 反应混合液），根据样品 DNA 含量加入适量的 DNA（1~4μl）、灭菌双蒸水补足 25μl，盖紧管盖，瞬时离心后将反应管放入 PCR 仪，设置以下循环参数：

95℃ 5min

98℃ 45s
64℃ 75s　}35 个循环
72℃ 180s

72℃ 5min

将扩增后 PCR 产物立即电泳（若暂不电泳检测应置 4℃保存）。

3. 琼脂糖凝胶电泳检测扩增片段　琼脂糖凝胶、电泳液参考《分子生物学实验指导》“PCR 及琼脂糖凝胶电泳”实验的方法配制，取 PCR 扩增产物 10μl，行 1%琼脂糖凝胶电泳。

4. 结果观察　将电泳后的琼脂糖凝胶块置凝胶成像仪或 UV 灯下观察照相，根据扩增产物长度进行结果判断。

【实验结果】

（1）结果判断：根据检测样本的电泳结果结合表 5-2 做出基因诊断。

表 5-2　α-珠蛋白生成障碍性贫血的基因诊断

	2.0kb	1.8kb	1.6kb	1.3kb	诊断
1	-	+	-	-	正常（αα/αα）
2	+	+	-	-	$-\alpha^{3.7}$携带者（$-\alpha^{3.7}/\alpha\alpha$）
3	-	+	+	-	$-\alpha^{4.2}$携带者（$-\alpha^{4.2}/\alpha\alpha$）
4	+	-	-	-	$-\alpha^{3.7}$纯合子（$-\alpha^{3.7}/-\alpha^{3.7}$）
5	-	-	+	-	$-\alpha^{4.2}$纯合子（$-\alpha^{4.2}/-\alpha^{4.2}$）
6	+	-	+	-	$-\alpha^{3.7}/-\alpha^{4.2}$双重杂合子（$-\alpha^{3.7}/-\alpha^{4.2}$）
7	-	-	-	+	--SEA/--SEA 巴氏水肿胎儿
8	+	-	-	+	--SEA/$-\alpha^{3.7}$（缺失型 HbH 病）
9	-	-	+	+	--SEA/$-\alpha^{4.2}$（缺失型 HbH 病）
10	-	+	-	+	--SEA/--αα（--SEA 携带者）

（2）正常人 α-珠蛋白基因（αα/αα）扩增产物大小为 1.8kb，无其他片段。

（3）α-珠蛋白生成障碍性贫血患者样本可检测出相应类型的基因缺失。

【注意事项】

（1）应充分提取全血 DNA，保障提取的纯度与含量。

（2）反应体系配制时，要在冰浴上进行。

（3）EB 为强诱变剂，琼脂糖电泳及结果观察时需注意防护。

（4）实验前应进行预实验，对于体系中各反应物的加入量、循环参数设定均需以预实验摸索确定。

β-珠蛋白生成障碍性贫血的基因诊断

β-珠蛋白生成障碍性贫血基因诊断方法有多种，目前国内外广泛采用的方法 PCR-反向点杂交（reverse dot blot，RDB）技术法。

【实验原理】

β-珠蛋白生成障碍性贫血多由 β-珠蛋白基因突变引起，根据人珠蛋白 β 肽链基因突变位点的侧翼序列，利用 PCR-反向点杂交（reverse dot blot，RDB）技术，设计合成 PCR 扩增的特异性引物，以基因组 DNA 为模板，应用 PCR 体外扩增技术获得大量待检者基因扩增产物，结合膜反向杂交技术，使用与靶序列能互补结合的探针检测样本 β-珠蛋白基因突变，中国人群 8 个常见位点和 9 个少见位点的突变见表 5-3。

【实验器材】

1. 试剂

（1）基因组 DNA 提取试剂：参考《分子诊断学实验指导》“全血 DNA 提取”实验内容。

（2）PCR 反应混合液（β-PCR mix，含 dNTP、Mg^{2+}、Taq 酶、特异性引物等 PCR 反应物）。

（3）POD 母液。

（4）TMB 溶液。

（5）30%H_2O_2。

（6）膜条。

（7）20×SSC：NaCl 175.3g，枸橼酸钠 88.2g，加蒸馏水 900ml 溶解，调 pH 至 7.0，最后定容至 1000ml，高压灭菌。

（8）10%SDS（pH 7.0）：将 20g SDS 加蒸馏水 180ml 溶解，用 HCl 调 pH 至 7.0，最后定容至 200ml，高压灭菌。

（9）A 液（2×SSC，0.1% SDS，1000ml，pH 7.4）：20×SSC 100ml，10% SDS 10ml，加蒸馏水至 1000ml，调节 pH 至 7.4。

（10）B 液（0.5×SSC，0.1% SDS，1000ml，pH 7.4）：20×SSC 25ml，10% SDS 10ml，加纯化水至 1000ml，调节 pH 至 7.4。

（11）C 液：枸橼酸钠 14.7g，溶于 450ml 蒸馏水，用 HCl 调节 pH 至 5.0，加水定容至 500ml。

（12）显色液：C 液 19ml，TMB 1ml，30% H_2O_2 4ml。

表 5-3　β-珠蛋白生成障碍性贫血基因突变位点

常见突变位点	少见突变位点
CD41-42（TCTT）	ATG→AGG
IVS-2-654C→T	CD14-15（+G）
CD17A→T	CD27-28（+G）
−28A→G	−32C→A
CD26G→A	−30T→C
CD71→72（+A）	IVS−1−1G→T
CD43G→T	IVS−1−5G→C
−29A→G	CD31（−C）
	CAP+40−+43（−AAAC）

2. 器材 PCR 扩增仪、电泳仪、凝胶成像系统、涡旋振荡器、水浴箱、离心机、水浴摇床、微波炉、脱色摇床、微量加样器;塑料离心管(15ml、50ml)、平皿等。

【实验步骤】

1. 全血基因组 DNA 提取 参考《分子诊断学实验指导》"全血 DNA 提取"实验方法与步骤进行 DNA 提取。

2. PCR 扩增

(1) 取出试剂盒内的 PCR 反应管,标记编号。

(2) 加入 45μl β-PCR Mix。

(3) 小心吸取 2μl 待测 DNA 至 PCR 反应管中,混匀,5000r/min 离心数秒。

(4) 将 PCR 反应管直接插入 PCR 仪中,按照下列参数设置 PCR 反应条件:

94℃ 5min

94℃ 60s
55℃ 30s } 35 个循环
72℃ 60s

72℃ 5min

将扩增后样本立即电泳(若暂不电泳检测应置 4℃下保存)。

3. 电泳检测 取 PCR 产物 3μl,用 2%琼脂糖凝胶进行电泳,当溴酚蓝移动 2cm 左右时用凝胶成像系统进行结果检测。检测样品应同时扩增出约 600bp 和 200bp 的两条扩增条带。

4. 杂交 取 15ml 塑料离心管,标记编号,放入同样标有编号的膜条,加入 A 液(杂交时间不同加入的 A 液量不同,杂交 2h 加 A 液 5ml,杂交过夜加 A 液 10ml),盖好离心管(不要过紧)。将塑料离心管放入沸水中煮 10min,取出,拧紧盖子转放在 43℃水浴摇床杂交。同时取 50ml 塑料离心管,每只加入 B 液 40ml,拧紧管盖,一并置 43℃水浴中进行预热。

5. 洗膜 取出膜条,移至已预热的 B 液(40ml/管)中,于 43℃水浴摇床轻摇洗涤 20min(若杂交过夜需洗涤 30min)。

6. 显色

(1) 用 A 液配制 1∶4000 的 POD 工作液,将膜条放入 POD 工作液中(1~2 张膜条需 12ml,多于两张膜需选择适当容器以配制适宜膜显色所需的 POD 溶液),室温轻摇浸泡 30min。

(2) 用镊子小心取出膜条,加入 A 液后室温轻摇洗膜 2 次,每次 5min。再用 C 液室温轻摇洗膜 2 次,每次 2min,同时配制显色液(每张膜条需约 5ml)。

(3) 将膜条浸泡于临时配制的显色液中避光显色 10min,用蒸馏水漂洗显色后的膜条 1 次,取出观察结果。

【实验结果】

(1) 结果判断:对应探针在膜条上的位置,观察整张膜上出现的蓝色斑点,若在突变检测探针处出现显示强度与相应的野生型探针相近的蓝色斑点,则该位点为野生型与突变型的杂合子;若在突变的检测探针处出现蓝色斑点,而相应的野生型探针处未出现蓝色斑点,则该位点为突变纯合子;若仅在野生型探针处出现蓝色斑点,在待检样品无与突变探针相对应的突变。

(2) 该病例患者血样检测可获得相应突变点的阳性结果。

【注意事项】

(1) 膜条妥善密封在袋中,室温下保存。

(2) 所有液体试剂在使用前均应充分混匀。除 PCR 反应管外,其他冻存的液体试剂在开盖前应瞬时离心,避免液体在开盖时洒出。

(3) PCR 产物若当天不能使用应置-20℃保存,并在 1 周内杂交检测,放置时间过长会影响杂交结果。

(4) 杂交全过程中要避免用手直接触摸膜条反应面。

(5) 显示过程中应避光,可放入暗盒显示。

(6) TMB 有毒性,应注意防护。

(7) 室温低于 20℃时,液体试剂可能会有结晶析出,临用前用温浴使结晶溶解并混匀。

【实验报告】

根据患者临床资料,分析各实验室检查项目的结果及其意义,并得出实验室诊断结论。就实验设计思路、实验内容及步骤、实验结果等进行分析讨论,完成实验报告。

【思考题】

溶血性贫血的实验室诊断包括哪些步骤,分别需要进行哪些试验?

(张亚莉)

综合性实验二 急性白血病的 MICM 分型诊断

【实验目的】

(1) 掌握急性白血病细胞形态学分型诊断的实验方法。

(2) 熟悉急性白血病 MICM 分型诊断思路。

(3) 熟悉急性白血病细胞免疫学、细胞遗传学、分子生物学分型诊断的实验方法。

【病例资料】

患者,男性,28 岁。面色苍黄伴全身瘀点、瘀斑半月,加重 4 天入院。体格检查:生命体征平稳,贫血貌,全身皮肤黏膜无黄染,躯干及四肢散在瘀点、瘀斑,颈部、腑窝、腹股沟可扪及数枚花生米大小淋巴结。入院时血常规:白细胞 2. 68G/L,分类见原、幼稚细胞;红细胞 1. 95T/L,血红蛋白 61g/L;血小板 8G/L。

【实验室诊断思路】

实验方案设计路线及主要内容见图 5-2。

(1) 学生以组为单位进行实验。

(2) 复习急性白血病的 MICM 分型诊断。

(3) 学生分组进行病例讨论,初步设计并统一实验方案。

(4) 准备实验器材与试剂,各小组按实验方案进入实施阶段。

(5) 学生分组进行结果分析,所有实验结果经汇总后进行综合分析、讨论,得出实验结果。

(6) 学生完成实验报告。

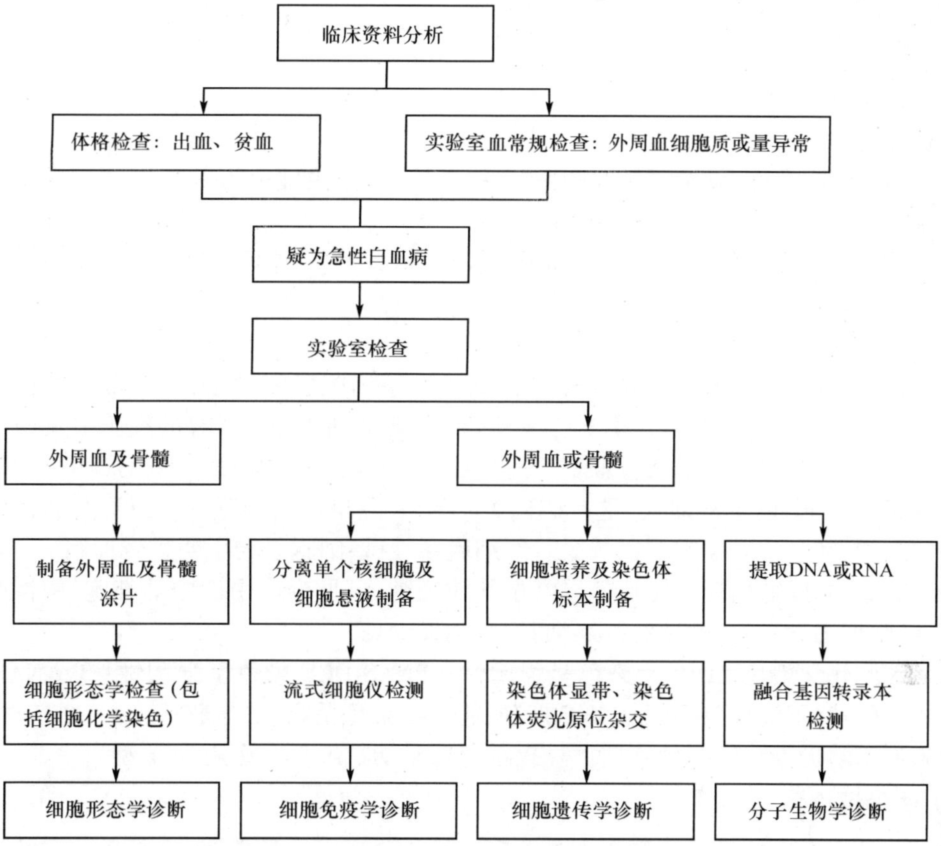

图 5-2　实验方案设计路线及主要内容

一、急性白血病的细胞形态学分型

【实验原理】

采集外周血及骨髓液并制成涂片，采用瑞氏染色，细胞核中核酸和蛋白质及原始细胞胞质等酸性物质与亚甲蓝作用被染成蓝色，胞质中血红蛋白与伊红作用被染成红色，在显微镜下观察各细胞形态学特点并进行血象、骨髓象分析，同时结合细胞化学染色结果，用于急性白血病的形态学分型诊断。

【实验器材】

1. 试剂　瑞氏染液、磷酸盐缓冲液（pH 6.8）、细胞化学染色试剂。

2. 器材　采血针、骨髓穿刺包、玻片、碘伏、乙醇、棉签。

【实验步骤】

（1）骨髓涂片形态学检查：参见本教材第一章第二节实验十四。

（2）外周血涂片形态学检查：参见本教材第一章第二节实验十四。

（3）细胞化学染色：根据细胞形态学检查结果，选择合适的细胞化学染色方法，常用的有：①过氧化物酶（POX）染色；②特异性酯酶——氯乙酸 AS-D 萘酚酯酶（NAS-DCE）染色；③非特异性酯酶——α-乙酸萘酚酯酶（α-NAE）染色；④过碘酸-希夫染色（PAS 染色）。

(4) 结合细胞形态学和细胞化学染色结果，参照白血病诊断分型的 FAB 方案得出细胞形态学诊断意见。

【实验结果】

1. 诊断标准

(1) FAB 诊断标准：骨髓原始细胞≥30%；当骨髓原始细胞<30%，而外周血原始细胞≥30%时，也可诊断。

(2) WHO 诊断标准：骨髓和或外周血原始细胞≥20%，即可诊断 AML；骨髓和或外周血原始及幼稚淋巴细胞≥25%，即可诊断 ALL。

2. 实验结果

(1) 骨髓象：骨髓有核细胞增生极度活跃。粒系细胞极度增生，以异常早幼粒细胞增生为主，≥30%(NEC)，其胞体大小不一，外形常不规则；胞质丰富，有的细胞可见内、外浆，胞质中含大量粗大、密集的嗜天青颗粒，易见 Auer 小体，数量常较多；核畸形明显，常扭曲、折叠甚至分叶，核染色质较细致，常有核仁 1~3 个。除早幼粒细胞外，可见原始粒细胞、中性中幼粒细胞，其余阶段细胞明显减少。红细胞系、巨核细胞系增生明显受抑制。

(2) 血象：外周血出现一定比例异常早幼粒细胞，可见少许中性中幼细胞、中性晚幼粒细胞，伴细胞形态学异常；可见幼稚红细胞；血小板少见。

(3) 细胞化学染色：①POX 染色呈强阳性；②NAS-DCE 染色呈强阳性；③α-NAE 染色呈阴性或弱阳性，阳性反应不能被 NaF 抑制；④PAS 染色呈阳性，弥散状。

细胞形态学检查结论：急性白血病(提示急性早幼粒细胞白血病 M3a 型)。

【方法学评价】

(1) 急性白血病的形态学诊断是白血病诊断和治疗指导最常用，也是最重要的检查手段。1976 年，法、美、英三国学者根据细胞形态学和细胞化学染色结果提出 FAB 形态学诊断标准，1985 年进行修订。急性白血病的 FAB 分型法简单、实用，是目前全世界最通用的急性白血病形态学分型方案。

(2) 在 FAB 分型基础上，WHO 建立了急性白血病的诊断标准，除对原始细胞的比例要求不同外，其余诊断的形态学指标基本同 FAB 标准。值得注意的是，WHO 诊断白血病细胞不能仅有形态学证据，应同时进行免疫学分析，证实其有免疫表型的异常。

(3) FAB 诊断标准以骨髓或外周血细胞形态学为基础，该标准中所指的原始细胞有特别定义：诊断急性粒细胞白血病时指原始粒细胞；诊断急性早幼粒细胞白血病时指异常的早幼粒细胞；诊断急性单核细胞白血病或急性粒单核细胞白血病时指原始粒细胞和或原始单核细胞及幼稚单核细胞；诊断急性巨核细胞白血病时指原始巨核细胞；诊断急性淋巴细胞白血病时指原始淋巴细胞及幼稚淋巴细胞；此外，尚包括系列不明的原始细胞。

(4) FAB 分型存在一定局限性，其主观性强、误诊率高，对急性白血病各亚型的诊断符合率仅 60%~70%，限制了其对白血病治疗及预后评估做出准确判断，故需结合其他诊断方法如免疫学、细胞遗传学、分子生物学进行急性白血病的诊断和分型。

二、急性白血病的免疫学分型

【实验原理】

造血细胞在分化发育成熟的过程中会出现一系列免疫表型的变化，不同抗原表达仅出现于特定系列的不同发育阶段细胞上,通过使用不同的单克隆抗体,采用流式细胞术(flow cytometry,FCM)检测细胞悬液中单个细胞上的分化抗原,从而判定细胞的来源及其免疫表型,可用于急性白血病的免疫学分型诊断。

【实验器材】

1. 试剂 淋巴细胞分离液、磷酸盐缓冲液(PBS)、1%多聚甲醛固定液、免疫荧光标记抗体商品化。

2. 器材 离心机、流式细胞仪、微量加样器、肝素抗凝管、普通试管、FCM 标准管试剂、FCM 鞘液。

【实验步骤】

1. 标本采集及分离单个核细胞悬液

(1) 外周血标本:常规方法采集外周血 2ml,经 EDTA-2Na 或肝素抗凝,用生理盐水稀释至 4ml,混匀;将稀释外周血缓慢加入到等体积淋巴细胞分离液中,2000r/min 离心 30min,收集单个核细胞层,用生理盐水洗涤两次,备用。

(2) 骨髓液标本:无菌抽取骨髓液 0.5ml,滴加入含 1000U/ml 肝素抗凝剂的 1ml PBS 中,并用 PBS 稀释至 10ml;取 5ml 稀释骨髓液缓慢加入到等体积淋巴细胞分离液中,2000r/min 离心 30min,收集有核细胞层,用 PBS 洗涤两次,备用。

2. 加入合适的免疫荧光标记抗体

(1) 免疫荧光标记抗体选择,参照表 5-4。

表 5-4 急性白血病免疫诊断常用的免疫荧光标记抗体

细胞系列	一线单克隆抗体	二线单克隆抗体
髓细胞系列	CD13、CD117、Anti-MPO	CD33、CD14、CD15、CD11、CD61、CD41、CD42、血型糖蛋白 A
T 淋巴细胞系列	CD2、CyCD3、CD7	CD1、CD4、CD5、CD8
B 淋巴细胞系列	CD10、CD19、CD22、CyCD79a	CD20、CD24、Cyμ、SmIg
非系列特异性	HLA-DR、TdT	CD34 、CD9

(2) 调整细胞浓度至 10^6/ml,分别取 1 ml 加入适量的免疫荧光标志抗体(CD45 单克隆抗体 5μl、其他单克隆抗体 10μl),室温避光孵育 20min;加入溶血素 2ml,室温避光反应 10min;经 300r/min 离心 5min 后弃上清,沉淀用 PBS 洗涤,重复洗涤 1 次,弃上清;加入 500μl PBS 悬浮细胞,静置 15min 后上机检测。

3. FCM 检测 每份标本检测不少于 10^4 个细胞,细胞的荧光强度和阳性细胞比率由软件计算得到。

【实验结果】

(1) 阳性判断标准:MPO、CD3、CD79a、CD117 阳性细胞≥10%,其他表达分化抗原的阳性细胞≥20%。

(2) 实验结果:受检标本表现为髓系抗原异常高表达,包括 MPO、CD33、CD13、CD15、CD117、CD2、CD9,不表达 CD34、HLA-DR、CD10、CD19。

【方法学评价】

(1) 急性白血病的流式免疫学分型具有高度敏感性、特异性和稳定性,且能在短期内进行大量细胞定量分析，可弥补形态学分型的不足。在细胞形态学基础上结合细胞免疫学分型，可明显提高急性白血病诊断分型的准确性，尤其对形态学、细胞化学染色不能肯定细胞来源的白血病、混合细胞白血病、部分髓系白血病、慢性淋巴细胞白血病等，进行细胞免疫学分型可提供重要参考信息。

(2) 现已初步建立细胞免疫学分型与急性髓细胞白血病(AML)FAB分型之间的关系，在AML亚型中只有M0、M6、M7可通过细胞免疫学分型进行确诊，且M0是唯一仅能通过细胞免疫学分型进行确诊的AML亚型。与急性髓细胞白血病的免疫学分型研究相比，目前对急性淋巴细胞白血病免疫学分型的研究较为深入，通过细胞免疫学分型基本上可区分出各种ALL亚型。

(3) 利用单克隆抗体检测相应白细胞表面抗原或胞质内的分化抗原，不仅有助于白血病类型的鉴别，亦可用于临床指导治疗，判断预后。如CD13阳性者预后差，生存期短；AML白血病细胞表达淋巴细胞系相关抗原如CD2、CD4、CD7和CD10，通常预后较差。急性早幼粒细胞白血病(acute promyelocytic leukemia，APL)中常有CD2、CD9共表达，两者表达情况与临床治疗效果有关。

(4) 由于至今尚未发现白血病细胞特异性抗原标记分子，故细胞免疫学分型不能区分正常血细胞和白血病细胞。

(5) 白血病细胞具有“异质性”、“非同步化”、伴有抗原表达紊乱的特点，故白血病的免疫学分型仍不能替代形态学分型诊断，应结合细胞遗传学、分子生物学进行综合分析。

三、急性白血病的细胞遗传学分型

【实验原理】

秋水仙碱能破坏纺锤体使细胞分裂停止于分裂中期，染色单体发生收缩。使用毒性较低的秋水仙碱衍生物秋水酰胺作用于骨髓细胞或外周血淋巴细胞，经低渗、固定、制片、显带等步骤，即可获得一定量的用于染色体核型分析的分裂中期细胞。

【实验器材】

1. 试剂　0.2%肝素、RPMI 1640培养基、0.05‰秋水酰胺溶液、甲醇、冰乙酸、磷酸盐缓冲液、0.075mol/L KCl溶液、Earle液、10% Giemsa染液。

2. 器材　离心机、水浴箱、培养箱、培养瓶、离心管、普通试管、移液管、微量加样器、玻片、酒精灯。

【实验步骤】

1. 常规染色体制备　包括直接培养法和(或)24h短期培养法，以下为骨髓细胞染色体标本制备：

(1) 用肝素湿润的注射器抽取2ml骨髓液(视骨髓有核细胞数而定)，立即注入含RPMI 1640培养基的标本瓶中。

(2) 按1×10^6/ml细胞接种于含有20%胎牛血清、L-谷氨酰胺的RPMI 1640培养基中，37℃培养24~48h。

(3) 终止培养前加入适量秋水酰胺至终浓度为0.05μg/ml，37℃继续培养2h。

(4) 1000r/min离心10min，弃上清，收集细胞。

(5) 加入 37℃预温的 8ml 0.075mol/L KCl 溶液进行低渗处理,吹打混匀,37℃放置 30~40min。

(6) 加入 1ml 新鲜配制的甲醇∶冰乙酸(3∶1)固定液进行预固定,经 1000r/min 离心 10min,弃上清;加入 8ml 固定液,吹匀后室温放置 30min,1000r/min 离心 10min,重复固定一次,加入适量固定液制成悬液,4℃静置备用。

(7) 4℃下取出细胞悬液,离心后去上清,加入适量新鲜固定液,混匀并滴片。

2. R 显带染色

(1) 细胞悬液滴片,待干。

(2) 将 pH 6.2 Earle 液置于染缸中,加温至 87.5℃,放入玻片样本,培育 1h,流水冲洗。

(3) 用新鲜配制的 10%Giemsa 染液染色 10min,冲洗,干后镜检。

【实验结果】

(1) 结果判断:根据《人类细胞遗传学国际命名体制(ISCN)》(1995 年)描述核型,至少两个分裂期细胞存在同样染色体异常或 3 个细胞存在同样染色体丢失定义为 1 个克隆,至少 10 个分裂期细胞无异常克隆存在称为正常核型。

(2) 实验结果:分析 20 个分裂象,发现有一定数量 t(15;17)染色体易位,尚存在少数正常核型,检查报告为 46,XY,t(15;17)(q22;q12)/46,XY。

【方法学评价】

(1) 克隆性染色体异常是恶性血液病的特征之一,亦是恶性血液病诊断、分型的重要依据,并且作为独立的预后指标,在治疗方案选择、疗效监测上具有指导意义。

(2) 传统细胞遗传学检测受染色体标本制备质量、显带效果的影响较大,尤其对复杂染色质异常的辨别较为困难,且其操作较为繁锁,临床应用有一定限制。

(3) 随着分子生物学在各领域学科的渗透,现发展了许多其他用于检测与染色体异常有关的实验方法,如荧光原位杂交技术(fluorescence in situ hybridization,FISH),其结合细胞遗传学和分子生物学方法,明显提高了常规核型分析的敏感性,可作为传统细胞遗传学检测的补充。

四、急性白血病的分子生物学分型

(一)实时荧光定量 PCR 技术检测白血病融合基因

【实验原理】

急性白血病多伴有特异性染色体易位及其产生的融合蛋白,可作为其特有的遗传学标志并用于疾病的诊断。结合实时荧光定量 PCR(real-time fluorescence quantitative PCR,FQ-PCR)技术,即在常规 PCR 基础上加入荧光染料或荧光标记探针,然后通过荧光定量 PCR 仪检测 PCR 过程中荧光强度变化,达到对样品靶序列进行定量检测的目的,常用的有 Taq Man 探针法、SYBR® Green I 嵌合荧光法等。其中,Taq Man 探针法使用序列特异性探针,能更准确可靠地进行样品靶序列的定量分析。

Taq Man 探针法是使用 5′端带有荧光物质、3′端带有淬灭物质的 Taq Man 探针进行荧光检测的方法。当探针完整时,5′端的荧光物质受 3′端淬灭物质的制约,不能发出荧光;而当探针被分解后,5′端的荧光物质游离出来,发出荧光。在 PCR 反应的退火阶段,荧光探针与模板杂交;进一步在 PCR 反应的延伸阶段,Taq DNA 聚合酶可以分解与模板杂交的荧光探针,游离荧光物质发出荧光。通过检测反应过程中的荧光强度,进行 PCR 产物扩增量的分析。

【实验器材】

1. 试剂 总 RNA 提取试剂盒、逆转录试剂盒、*PML/RARα* 融合基因 PCR 荧光检测试剂盒、荧光探针、*Premix Ex Taq*™、人淋巴细胞分离液。

2. 器材 电泳槽、电泳仪、水浴箱、台式高速冷冻离心机、核酸蛋白分析仪、实时定量 PCR 仪、凝胶成像系统、骨髓穿刺包、移液器、Tip 头、离心管、PCR 管。

【实验步骤】

以 Taqman 探针法检测 *PML/RARα* 融合基因为例:

(1) 常规无菌采集骨髓标本,经淋巴细胞分离液分离得到单个核细胞,具体操作见急性白血病细胞免疫学分型的标本采集及处理。

(2) 采用总 RNA 提取试剂盒,按操作书说明提取细胞总 RNA,RNA 沉淀用 75%乙醇溶液洗涤 2 次,室温干燥后视 RNA 沉淀量加入适量 RNase-free 水溶解,经核酸蛋白分析仪测定总 RNA 浓度及 OD_{260}/OD_{280}值。

(3) 采用逆转录试剂盒,按操作书说明在逆转录酶作用下将细胞总 RNA 逆转录成 cDNA,-20℃保存待用。

(4) FQ-PCR:以 cDNA 为模板,Taqman 探针法进行荧光定量 PCR。

PML/RARα 上游引物 5′-GGGAGGCAGCCATTGAGA-3′;

下游引物 5′-CATAGTGGTAGCCTGAGGACTTGTC-3′;

PML/RARα 探针:5′-CACCCCCTCTACCCCGCATCTAC-3′(扩增片段 132bp)。PCR 反应体系及反应程序按试剂及仪器说明书进行操作。以试剂盒提供的阳性模板和稀释液作 10 倍倍比稀释后同受检标本检测,作为阳性对照和定量参照;每次 PCR 检测均应设置阴性对照和空白对照;每一检测管均应进行 3 次重复检测。

【实验结果】

1. 结果计算 利用荧光定量 PCR 仪自带的分析软件,根据阳性对照标准曲线和受检标本的循环阈值 C_t 值(cycle threshold,指在 PCR 扩增过程中,荧光信号开始由本底进入指数增长阶段的拐点时所对应的循环次数),自动计算出受检标本中融合基因的绝对拷贝数。

2. 对照结果判断 阳性对照有目的基因扩增的荧光信号,阴性对照及空白对照均无目的基因扩增荧光信号。

3. 实验结果 受检者 *PML/RARα* 融合基因检测为阳性。

【方法学评价】

(1) *PML/RARα* 融合基因是由于 t(15;17)(q22;q12)染色体易位,17 号染色体上的 *RARα* 基因与位于 15 号染色体上的 *PML* 基因发生融合而成,为 APL 的特异性分子标志,可用于 APL 的分子诊断。

(2) 与普通 PCR 相比,实时荧光定量 PCR 技术具有高灵敏、高特异、快速简便和结果可靠的优点,可用于白血病患者的临床诊断,尤其对微小残留白血病(minimal residual disease,MRD)的预测复发、早期指导治疗具有重要临床应用价值。

（二）染色体荧光原位杂交技术检测融合基因

【实验原理】

荧光原位杂交技术（flourescence in situ hybridization，FISH）是基于碱基互补配对原则，应用荧光素或生物素、地高辛等物质标记的核酸探针与变性成 DNA 单链的样本杂交，通过荧光显微镜观察分裂中期或间期细胞中的荧光杂交信号，以确定受检标本中是否存在染色体数目或结构异常，是检测白血病融合基因的理想方法之一。

【实验器材】

1. 试剂　融合基因探针、甲醇：冰乙酸（3：1）固定液、无水乙醇、缓冲液、NP-40 洗涤液、DAPI/Antifade。

2. 器材　水浴箱、杂交仪、玻片、盖玻片。

【实验步骤】

（1）骨髓培养、染色体标本制备同细胞遗传学分型实验步骤中染色体制备。

（2）从冰箱中取出保存于固定液中的染色体标本，换用新鲜甲醇：冰乙酸（3：1）固定液固定。

（3）气干法滴片，进行 70%、85%、100%乙醇溶液梯度脱水，每步骤 1min，室温晾干。

（4）于显微镜下选择细胞分散良好的区域进行标记。

（5）取 1μl 探针与 7μl 缓冲液、2μl 水混匀，瞬时离心后，加于玻片杂交区域内，盖上盖玻片，四周封胶，放入杂交仪中杂交，杂交条件：73℃变性 3min，37℃孵育 20h。

（6）杂交后的标本在 73℃ 0.3%NP-40 洗液中洗涤 2min，室温 0.1%NP-40 洗涤 30s。

（7）采用 DAPI/Antifade 复染 10min。

（8）荧光显微镜下分析，在相应滤色镜的激发下观察间期细胞的荧光杂交信号，每份标本计数 500 个细胞。

【实验结果】

1. 结果判断　在荧光显微镜下观察荧光杂交信号，PML 探针用 spectrum orange 直接标记，在荧光显微镜下呈红色信号，RARα 探针用 spectrum green 直接标记，在荧光显微镜下呈绿色信号。正常间期细胞中可见 2 绿（2G）2 红（2R）彼此分离的荧光信号（图 5-3A）；具有 t（15;17）易位的间期细胞，可见 1 绿（1G）1 红（1R）正常荧光信号和 2 个 *PML/RARα* 融合的黄色信号（2Y）（图 5-3B）。

2. 实验检测结果　患者标本在荧光显微镜下观察到间期细胞中有 1G1R2Y 荧光信号，表明有 *PML/RARα* 融合基因形成。

【方法学评价】

（1）FISH 技术是综合细胞免疫学、细胞遗传学及分子遗传学等学科发展进来的一项新技术，目前临床已用于恶性血液病的检测。该技术可不依赖细胞分裂象，除可识别染色体数目异常外，还能识别染色体结构异常、基因重排等，可对分裂间期细胞和分裂中期细胞进行分析。

（2）临床多种标本均可用于 FISH 分析，包括血液、骨髓、体液、石蜡固定标本及 R-显带后玻片标本的检测。尤其是对 R-显带后玻片标本的检测，通过 R 显带技术与 FISH 技术的联合更有利于对复杂变异易位的鉴定，对未知异常染色体的检出优于传统的核型分析和经典的 FISH 法，具有临床实用价值。

(3) t(15;17)(q22;q12)和或 *PML/RARα* 融合基因及其变异的急性早幼粒细胞白血病,用全反式维 A 酸及砷剂治疗效果好,故检出异常者应尽早采用维 A 酸治疗。

(4) 近年来,在经典 FISH 技术基础上发展了一系列新技术,如多色 FISH 法(multiplex-FISH,M-FISH)、比较基因组杂交分析(comparative genomic hybridization, CGH)和光谱核型分析(spectral karyotyping,SKY)等。其中 M-FISH 和 SKY 法可应用多种荧光素标记 24 条染色体制备得到全套染色体涂抹探针,故经一次杂交即可对全部染色体进行检测,尤其适用于识别不明来源的标记染色体、隐匿易位、复杂染色体核型的分析,同时联合多种检测方法,将明显提高对白血病等恶性血液系统肿瘤的检出率。

【实验报告】

根据患者临床资料,结合细胞形态学、细胞免疫学、细胞遗传学及分子生物学检测结果,其 MICM 分型诊断结果:AML-M3/t(15;17),*PML/RARα* 融合基因(+)。就实验设计思路、实验内容及步骤、实验结果、方法学评价等进行分析讨论,完成实验报告。

(肖　芸)

设计性实验　DIC 的实验诊断

【实验目的】

(1) 复制弥散性血管内凝血(disseminated intravascular coagulation,DIC)的动物模型,通过设计实验诊断方案,观察分析实验结果并评价 DIC 分期。

(2) 通过实验方案的设计及实验,掌握 DIC 诊断指标及不同指标组合的价值。

【实验方案设计】

查阅相关资料→小组讨论确定实验目标→设计实验总体方案(目的、原理、试剂与器材、操作步骤、注意事项及评价)→指导教师反馈实验方案,修改意见→修改方案→小组成员进行各类实验分工→实验材料准备→实验操作→数据统计分析→讨论与分析→完成实验报告。

1. 设计要求

(1) 围绕实验目的,复习 DIC 相关理论知识、查阅相关国内外文献 5~10 篇,提前 1 周总结整理 DIC 动物模型复制和 DIC 的实验室诊断标准的资料。

(2) 以实验小组为单位设计实验,初步确定实验方案。

(3) 以实验小组为单位,集体讨论各组实验方案,提交指导教师审核,根据反馈意见合理修改实验方案。

2. 设计提示

(1) 回顾复习 DIC 的相关理论知识,结合 DIC 的病理生理变化特征,进行实验方案设计。

(2) 注意验证模型的制作成功与否。

(3) 注意实验对照的设计,应针对 DIC 不同时期设计相应检测指标。

(4) 注意各项指标在实验动物与人体之间的差异。

【实验内容】

1. DIC 模型的复制　将富含组织因子的鼠脑悬液上清作为外源性凝血因子,经鼠尾静脉注射入血管,启动外源性凝血系统,实验大鼠可随即呈现典型的高凝期、消耗性低凝期、继发性纤溶亢进期的三个 DIC 发展进程。

2. DIC 的实验室诊断指标选择与检测

(1) 常规指标：PLT、Fg、PT、APTT、3P 试验、PDF、D-D 及破碎红细胞等。

(2) 早期联合指标：可溶性纤维蛋白单体复合物(SFMC)、凝血酶-抗凝血酶复合物(TAT)、纤溶酶-抗纤溶酶复合物(PAP)、AT、F_{1+2}、FPA 等。

(3) 联合试验指标：FDP+D-D、FDP、D-D、AT。

(4) DIC 分期诊断标准见表 5-5。

表 5-5　DIC 分期诊断标准

DIC 分期	评价及检测指标
高凝期	抽血易凝、血小板计数正常但血小板功能增强、APTT 或 PT 缩短，Fg↑
消耗性低凝期	F_{1+2}↑、FPA↑、SFMC↑、TAT↑、AT↓
继发性纤溶亢进期	FPA↑、D-D↑、$B_{\beta 15-42}/B_{\beta 1-42}$↓

【实验器材】

1. 试剂　各项目需试剂参考第四章相关实验内容。

2. 器材　手术剪刀、镊子、注射器、止血纱布、磅秤、研钵、大鼠手术台、(半自动或全自动)血凝仪、离心机等。

3. 实验材料　大鼠、小鼠。

【实验步骤】

1. DIC 模型的复制

(1) 脑悬液(mouse brain homogenate, MBH)上清的制备：将实验小鼠拉颈处死后，手术取出脑组织，称重后研磨，按照湿重配以无菌生理盐水，配制为 10%（重量体积比）MBH 溶液，-20℃冷冻保存备用。临用前解冻，以 10000r/min 离心 1min，获得 MBH 上清原液。

(2) 将 MBH 上清原液与无菌生理盐水按照 1∶3 和 1∶4 的比例混合，采取尾静脉注射 0. 2ml 配比 MBH 上清液，复制大鼠 DIC 动物模型。

2. DIC 的实验室诊断指标的检测　参考本书第四章“血栓与止血障碍性疾病的检验”相应的实验内容进行检测。

【实验报告】

根据该实验的目的及实验方案、内容，完成实验报告，注意以下要求：

(1) 以规范的科研论文完成实验报告，内容包括：①研究背景及目的；②实验方案；③实验方法；④实验结果；⑤分析讨论；⑥结论；⑦参考文献。

(2) 实验数据可采用绘图或列表展示。

(3) 结合国内外文献报道有关进展进行分析与讨论。

【思考题】

(1) DIC 有哪几个病程时期？各时期有哪些实验诊断指标？

(2) 如实验室条件有限，无法对 D-D、F_{1+2}、FPA、SFMC、TAT、AT 等指标检测，有哪些血液常规检测指标及其变化特征可提示发生 DIC？

（张亚莉）

参 考 文 献

陈方平 . 2006. 临床检验血液学 . 北京:高等教育出版社

陈辉树 . 2010. 骨髓病理学 . 北京:人民卫生出版社

陈再英,钟南山 . 2008. 内科学 . 第 7 版 . 北京:人民卫生出版社

戴瑞鸿,林果为,林庚金 . 2002. 内科学新理论与新技术 . 第 2 版 . 上海:上海科技教育出版社

邓家栋,杨崇礼,杨天楹,等 . 2001. 临床血液学 . 上海:上海科学技术出版社

冯文莉 . 2006. 临床检验血液学实验指导 . 北京:高等教育出版社

管洪在 . 2007. 临床血液学与检验实验指导 . 第 3 版 . 北京:人民卫生出版社

克晓燕 . 2010. 淋巴瘤 · 诊疗手册 . 北京:人民卫生出版社

李建婴,万树栋 . 2008. 溶血性疾病 . 上海:复旦大学出版社

梁建英,吴德沛 . 2004. 血液病细胞形态学诊断图谱 . 合肥:安徽科学技术出版社

刘恩彬,陈辉树,邱振宇,等 . 2002. 网状纤维染色在骨髓活检病理诊断忠的意义 . 诊断病理学杂志,9 (6) :334~336

刘志洁,黄文源 . 2006. 临床血液细胞学图谱 . 北京:科学出版社

卢兴国 . 2007. 检验与临床诊断骨髓检验分册 . 北京人民军医出版社

彭黎明,邓承祺 . 2004. 现代血栓与止血的实验室检测及其应用 . 北京:人民卫生出版社

浦权,杨如梅 . 2003. 血液病骨髓病理诊断手册 . 北京:科学出版社

石远凯 . 2007. 淋巴瘤 . 北京:北京大学医学出版社

宋善俊,陈燕主译 . 2004. 威廉姆斯血液学 . 第 6 版 . 北京:人民卫生出版社

王鸿利,谢爽 . 2005. 血栓与止血检测的应用 . 中华检验医学杂志,28(4):461~465

王鸿利,叶裕春 . 2000. 中华检验医学大辞典 . 上海:上海科学技术出版社

王鸿利 . 1997. 血液学和血液学检验 . 第 2 版 . 北京:人民卫生出版社

王剑利,张玉刚,蒙昕,等 . 2008. 实时定量 RT-PCR 技术检测白血病融合基因的临床应用价值 . 生物医学工程与临床,12(1):71~74

王霄霞,俞康 . 2007. 血液系统疾病的检验诊断 . 北京:人民卫生出版社

王晓琳,王昭 . 2010. 获得性噬血细胞综合征研究进展 . 中华医学杂志,90(14):1004~1006

王振义,李家增,阮长耿,等 . 2004. 血栓与止血基础理论与临床 . 第 3 版 . 上海:上海科学技术出版社

吴晓芝 . 2009. 血液疾病诊断与鉴别诊断图谱 . 北京:人民卫生出版社

武忠弼,阳光华 . 2002. 中华外科病理学 . 北京:人民卫生出版社

夏薇 . 2010. 临床血液学检验实验指导 . 北京:中国医药科技出版社

许文荣,王建中 . 2008. 临床血液学与检验 . 第 4 版 . 北京:人民卫生出版社

薛永权,王勇,吴亚芳,等 . 2007. 恶性血液病中 51 种常见染色体异常的 R 带部分核型图及其说明 . 中华血液学杂志,28(1):57~59

薛永权 . 2003. 白血病细胞遗传学及图谱 . 天津:天津科学出版社

叶应妩,王毓三,申子瑜 . 2006. 全国临床检验操作规程 . 第 3 版 . 南京:东南大学出版社

张之南,单渊东,李蓉生 . 2004. 协和血液病学 . 北京:中国协和医科大学出版社

张之南,李蓉生 . 2000. 红细胞疾病基础与临床 . 北京:科学出版社

张之南,沈悌 . 2007. 血液病诊断及疗效标准 . 第 3 版 . 北京:科学出版社

张之南,杨天楹,郝玉书 . 2003. 血液病学 . 北京:人民卫生出版社

中华人民共和国卫生部医政司 . 2006. 全国临床检验操作规程 . 第 3 版 . 江苏:东南大学出版社

Albitar M, Beran M, Brien SO, et al. 2000. Differences between refractory anemia with excess blasts in transformation and acute myeloid leukemia. Blood,96: 372~374

An international system for human cytogenetic nomenclature (1978), ISCN (1978). 1978. Report of the Standing Committee on Human Cytogenetic Nomenclature. Birth Defects Orig Artic Ser, 14(8): 313~404

Campbell LJ, White JS. 2011. Cytogenetic analysis in acute myeloid leukaemia. Methods Mol Biol, 730: 63~77

Cetica V, Pende D, Grififiths GM, et al. 2010. Molecular basis of familial hemophagocytic lymphohistiocytosis. Haematologica, 95: 538~541

Choughule A, Polampalli S, Amre P, et al. 2009. Identification of PML/RARα fusion gene transcripts that showed not(15;17) with conventional karyotyping and fluorescent in situ hybridization. Genet Mol Res, 8(1): 1~7

Giagounidis AA. 2009. Myelodysplasia or myelodysplastic syndrome? Leuk Res, 33: 1019

Harris NL, Jaffe ES, Diebold J, et al. 1999. World Health Organization classification of neoplastic diseases of the hematopoietic and lymphoid tissue: Report of the clinical advisory committee meeting Airlie house. J Clin Oncol, 17(12): 3835~3849

Imashuku S. 1997. Differential diagnosis of haemophagocytic syndrome: underlying disorders and selection of the most effective treatment. Int J Hematol, 66(2): 135~151

Komrokji RS, Bennett JM. 2007. Evolving classifications of the myelodysplastic syndromes. Curr Opin Hematol, 14(2): 98~105

Mufti GJ, Bennett JM, Goasguen J, et al. 2008. Diagnosis and classification of myelodysplastic syndrome: International Working Group on Morphology of myelodysplastic syndrome (IWGM-MDS) consensus proposals for the definition and enumeration of myeloblasts and ring sideroblasts. Haematologica, 93: 1712~1717

Parker C, Omine M, Richards S, et al. 2005. Diagnosis and management of paroxysmal nocturnal hemoglobinuria. Blood, 106: 3699~3709

Sabattini E, Bacci F, Sagramoso C, et al. 2010. WHO classification of tumours of haematopoietic and lymphoid tissues in 2008: an overview. Pathologica, 102(3): 83~87

Tsuda H. 1997. Hemophagocytic syndrome (HPS) in children and adults. Int J Hematol, 65(3): 215~226

Vanlet P, Horny HP, Bennet JM, et al. 2007. Definitions and standards in the diagnosis and treatment of myelodysplatic syndromes: Consensus statements and report from a working conference. Leuk Res, 31(6): 727~736

Vardiman JW, Harris NL, Brunning RD, et al. 2002. The World Health Organization (WHO) Classification of the myeloid neoplasms. Blood, 100: 2292~2302

Vardiman JW, Thiele J, Arber DA, et al. 2009. The 2008 revision of the World Health Organization (WHO) classiif: cation of myeloid neoplasms and acute leukemia: rationale and important changes. Blood, 114: 937~951

附录　骨髓细胞图文报告单

骨髓细胞检查阅片

编号: 10695

姓　　名: XXX　　年　　龄: X岁　　科　　别:　　取材部位:

性　　别: X　　住 院 号:　　床　　号:　　骨髓片号:

细胞名称			血片(%)	髓片 平均值	髓片 标准差	髓片(%)
	原始血细胞			0.08	±0.01	
粒细胞系统	原始粒细胞			0.64	±0.33	1.00
粒细胞系统	早幼粒细胞			1.57	±0.60	2.00
粒细胞系统	中性	中幼		6.49	±2.04	8.00
粒细胞系统	中性	晚幼		7.90	±1.97	10.00
粒细胞系统	中性	杆状核		23.72	±3.50	21.00
粒细胞系统	中性	分叶核	73.00	9.44	±2.92	10.00
粒细胞系统	嗜酸	中幼		0.38	±0.23	
粒细胞系统	嗜酸	晚幼		0.49	±0.32	
粒细胞系统	嗜酸	杆状核		1.25	±0.61	
粒细胞系统	嗜酸	分叶核	3.00	0.86	±0.61	
粒细胞系统	嗜碱	中幼		0.02	±0.05	
粒细胞系统	嗜碱	晚幼		0.06	±0.07	
粒细胞系统	嗜碱	杆状核		0.06	±0.09	
粒细胞系统	嗜碱	分叶核		0.03	±0.05	
红细胞系统	原始红细胞			0.57	±0.30	1.00
红细胞系统	早幼红细胞			0.92	±0.41	2.00
红细胞系统	中幼红细胞			7.41	±1.91	10.00
红细胞系统	晚幼红细胞			10.75	±2.36	14.00
红细胞系统	巨早幼红细胞					
红细胞系统	巨中幼红细胞					
红细胞系统	巨晚幼红细胞					
淋巴细胞	原始淋巴细胞			0.05	±0.09	
淋巴细胞	幼稚淋巴细胞			0.47	±0.84	
淋巴细胞	成熟淋巴细胞		22.00	22.78	±7.04	17.00
淋巴细胞	异形淋巴细胞					
单核	原始单核细胞			0.01	±0.04	
单核	幼稚单核细胞			0.14	±0.19	
单核	成熟单核细胞		2.00	3.00	±0.88	4.00
浆细胞	原始浆细胞			0.004	±0.02	
浆细胞	幼稚浆细胞			0.104	±0.16	
浆细胞	成熟浆细胞			0.71	±0.42	
其他细胞	组织细胞			0.16	±0.21	
其他细胞	组织嗜碱细胞			0.03	±0.09	
其他细胞	组织嗜酸细胞			0.11	±0.01	
其他细胞	吞噬细胞			0.53	±0.52	
其他细胞	分类不明细胞			0.55	±0.59	
巨核细胞	原始巨核细胞			0~3		
巨核细胞	幼稚巨核细胞			0~10		
巨核细胞	颗粒型巨核细胞			10~30		
巨核细胞	产板型巨核细胞			40~70		
巨核细胞	裸核型巨核细胞			0~30		
RBC:	$\times 10^{12}$/L	HGB:	g/L	RC:	%	
PLT:	$\times 10^{9}$/L	WBC:	$\times 10^{9}$/L			
化学染色						

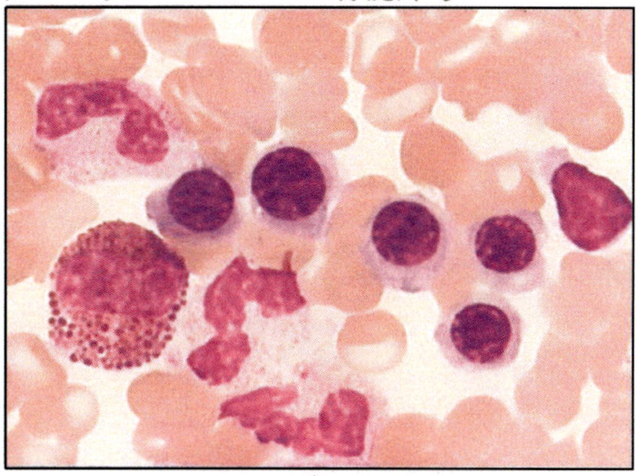

A

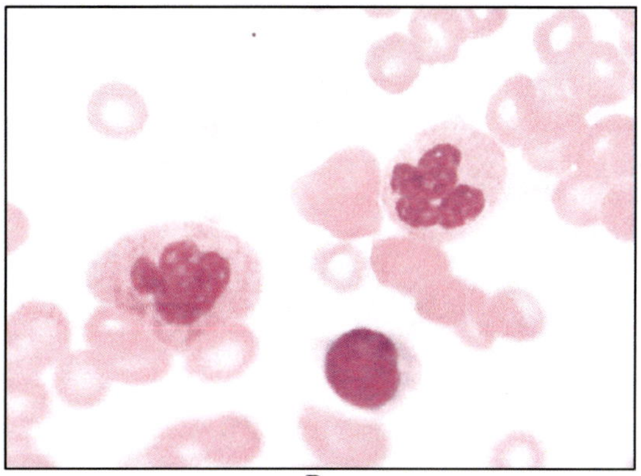

B

附图1 骨髓细胞

分 析:

1.髓象

(1) 取材,涂片,染色好。

(2) 骨髓增生活跃,粒系细胞52%,红系细胞27%,粒:红=1.93。

(3) 粒系增生活跃,比值及形态大致正常。

(4) 红系增生活跃,以中晚幼红细胞增生为主,幼红形态无明显改变。成熟红细胞形态大致正常。

(5) 淋巴细胞17%。

(6) 全片共见巨核细胞约44个,其中幼巨1个,颗巨22个,产板巨核细胞21个,血小板成簇,散在可见。

(7) 片上未见异常细胞及寄生虫。

2.血象

白细胞分布大致正常,分类见左表。成熟红细胞形态大致正常。血小板成簇,散在可见。

意 见:

正常骨髓象。

阅片人: XX　　报告人: XX　　阅片日期: 2012-04-09

彩 图

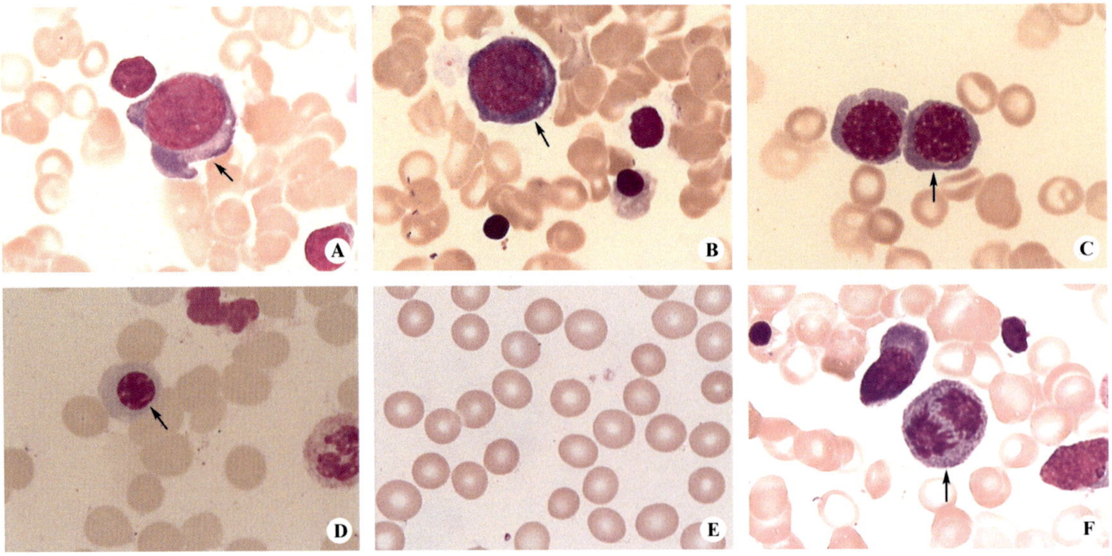

图1-1　红细胞系各阶段细胞形态

A. 原始红细胞；B. 早幼红细胞；C. 中幼红细胞；D. 晚幼红细胞；E. 成熟红细胞；F. 幼稚红细胞分裂象（瑞氏染色；×1000）

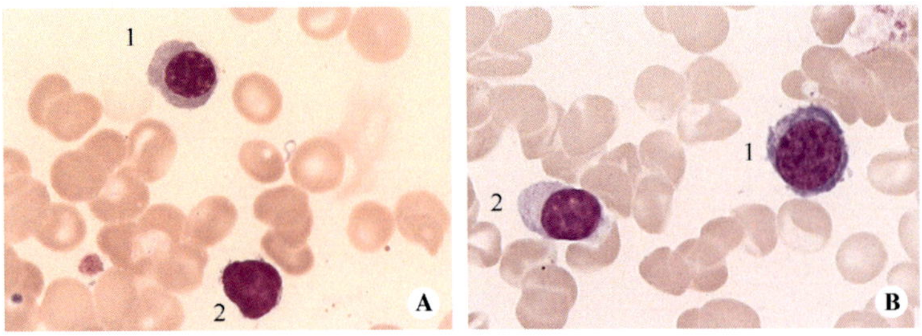

图1-2　幼稚红细胞和成熟淋巴细胞鉴别的形态

A.（1 晚幼红细胞、2 淋巴细胞）；B.（1 中幼红细胞、2 淋巴细胞）（瑞氏染色；×1000）

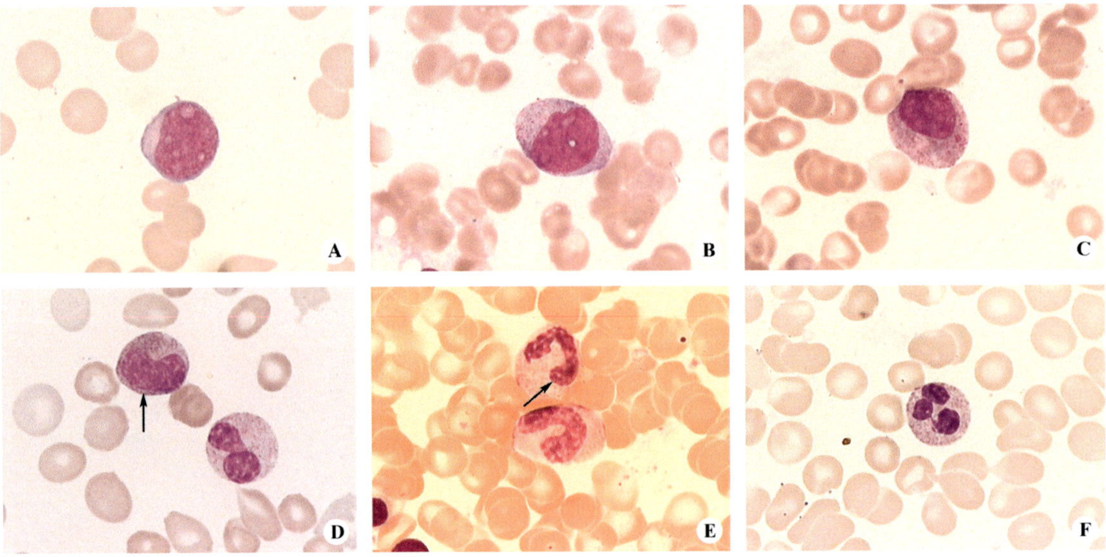

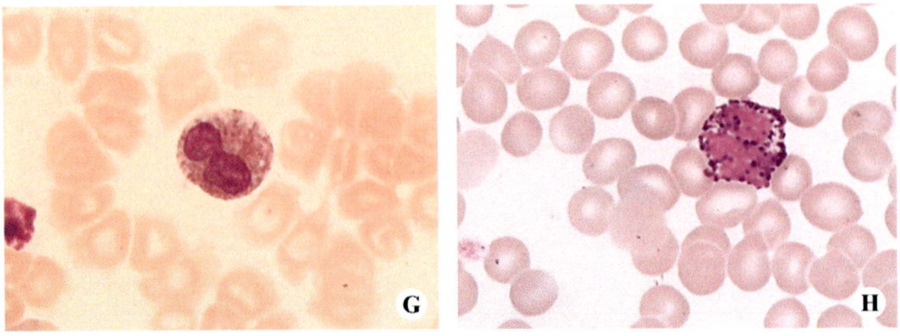

图1-3　粒系各阶段细胞形态特点

A.原始粒细胞；B.早幼粒细胞；C.中性中幼粒细胞；D.中性晚幼粒细胞；E.中性杆状核粒细胞；F.中性分叶核粒细胞；G.嗜酸分叶核粒细胞；H.嗜碱分叶核粒细胞（瑞氏染色；×1000）

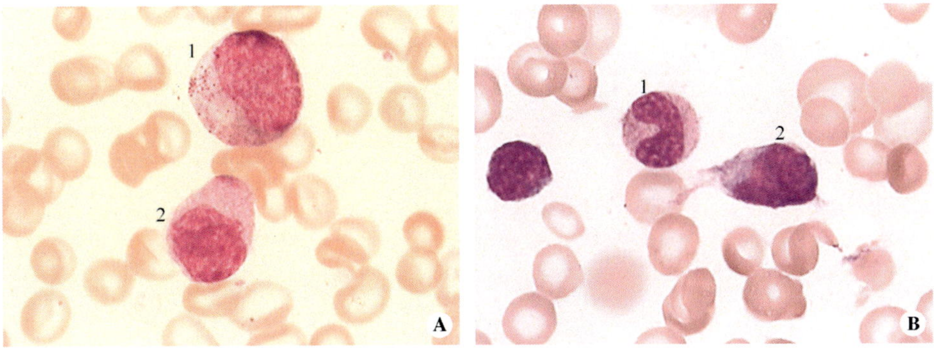

图1-4　粒细胞与单核细胞鉴别

A.（1中性中幼粒细胞，2单核细胞）；B.（1中性杆状核粒细胞，2单核细胞）(瑞氏染色；×1000）

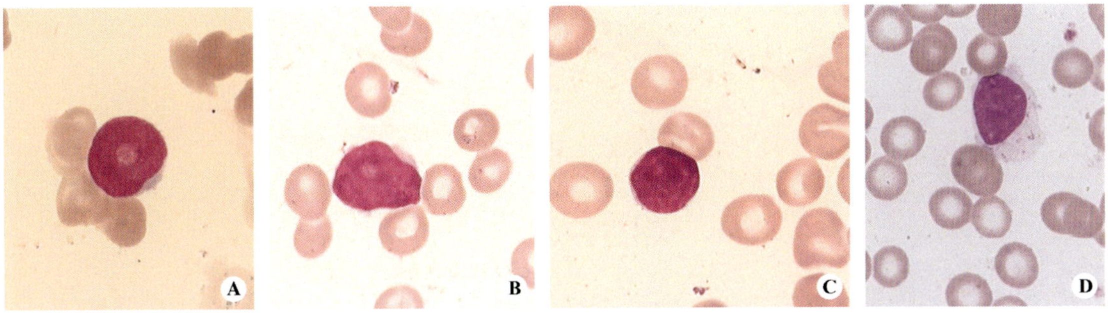

图1-5　淋巴细胞系各阶段细胞形态

A.原始淋巴细胞；B.幼稚淋巴细胞；C.小淋巴细胞；D.大淋巴细胞（瑞氏染色；×1000）

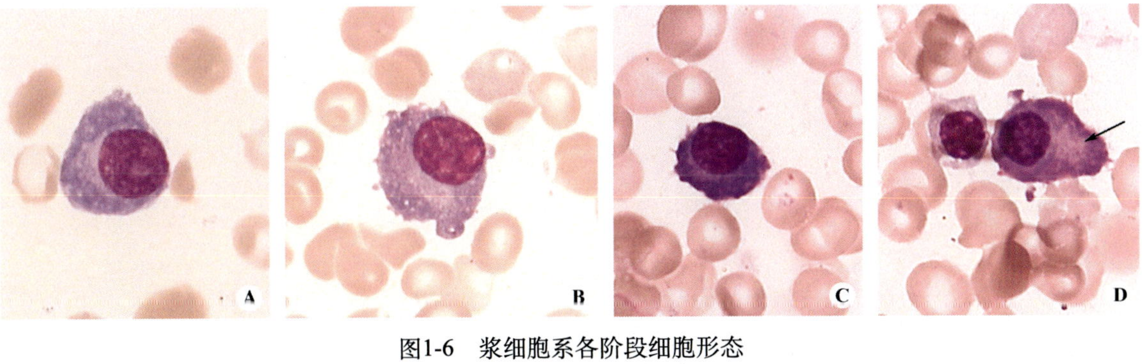

图1-6　浆细胞系各阶段细胞形态

A.原始浆细胞；B.幼稚浆细胞；C.成熟浆细胞；D.火焰状浆细胞（瑞氏染色；×1000）

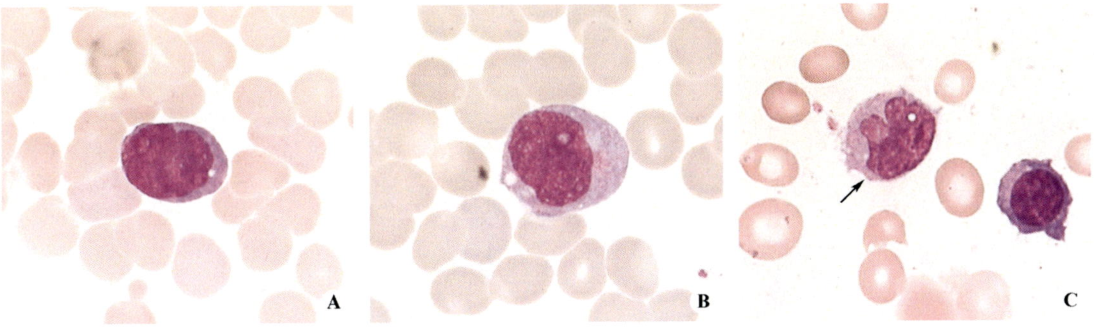

图1-7　单核细胞系各阶段细胞形态

A.原始单核细胞；B.幼稚单核细胞；C.成熟单核细胞（瑞氏染色；×1000）

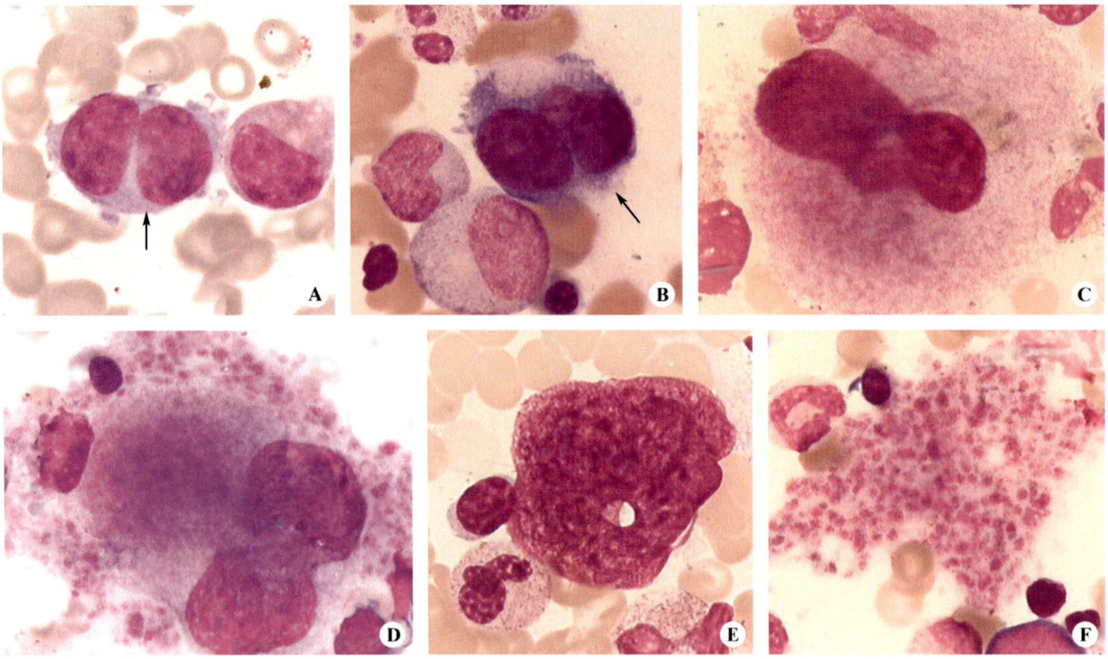

图1-8　巨核细胞系各阶段细胞形态

A. 原始巨核细胞；B.幼稚巨核细胞；C.颗粒型巨核细胞；D.产板型巨核细胞；E.裸核型巨核细胞；F.血小板（瑞氏染色；×1000）

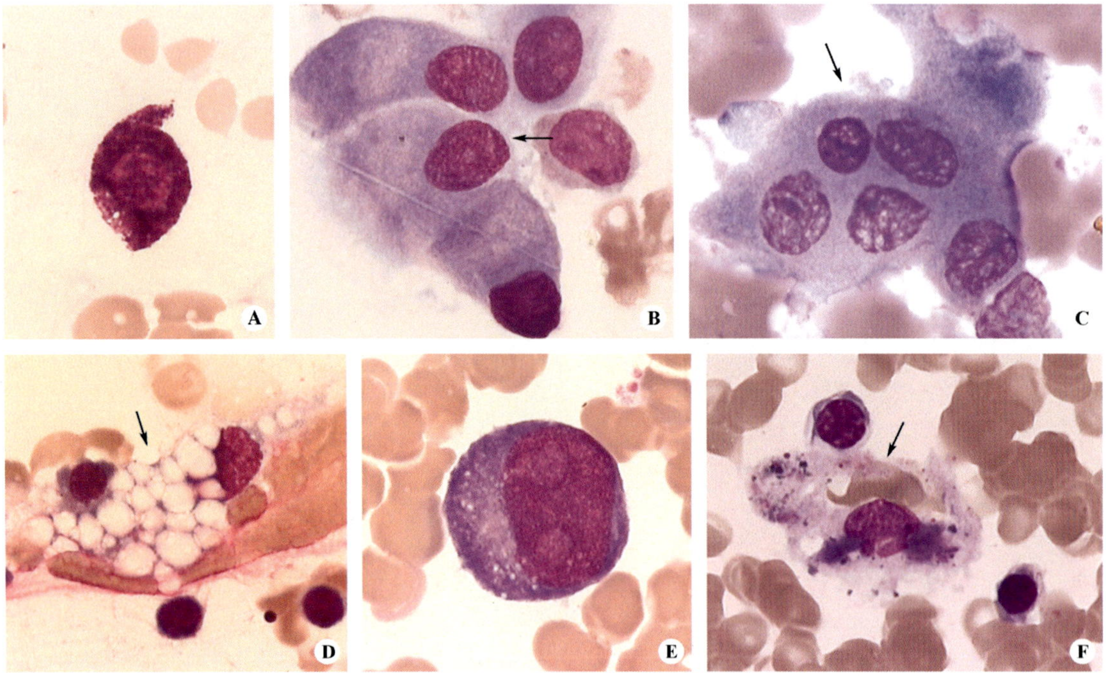

图1-9　其他细胞的形态

A.组织嗜碱细胞；B.成骨细胞；C.破骨细胞；D.脂肪细胞；E.组织细胞；F.吞噬细胞（瑞氏染色；×1000）

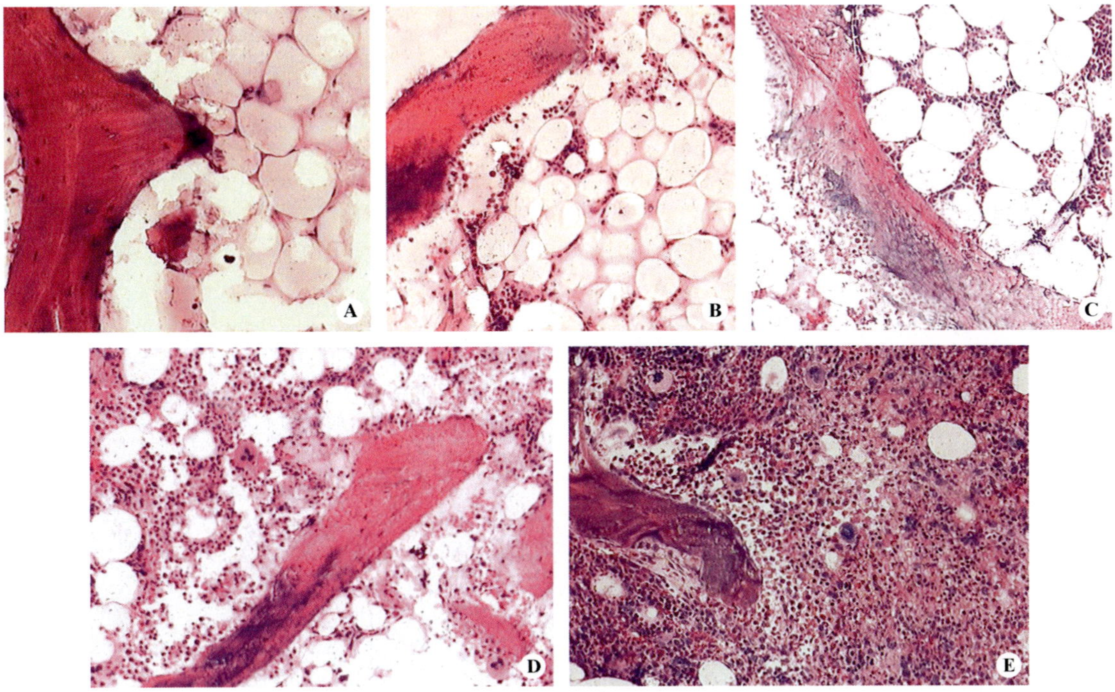

图1-10　五级骨髓增生程度

A.为增生极度低下；B.为骨髓增生低下；C.为骨髓增生活跃；D.为骨髓增生明显活跃；E.为骨髓增生极度活跃（塑料包埋切片，H-Giemsa-E染色；×100）

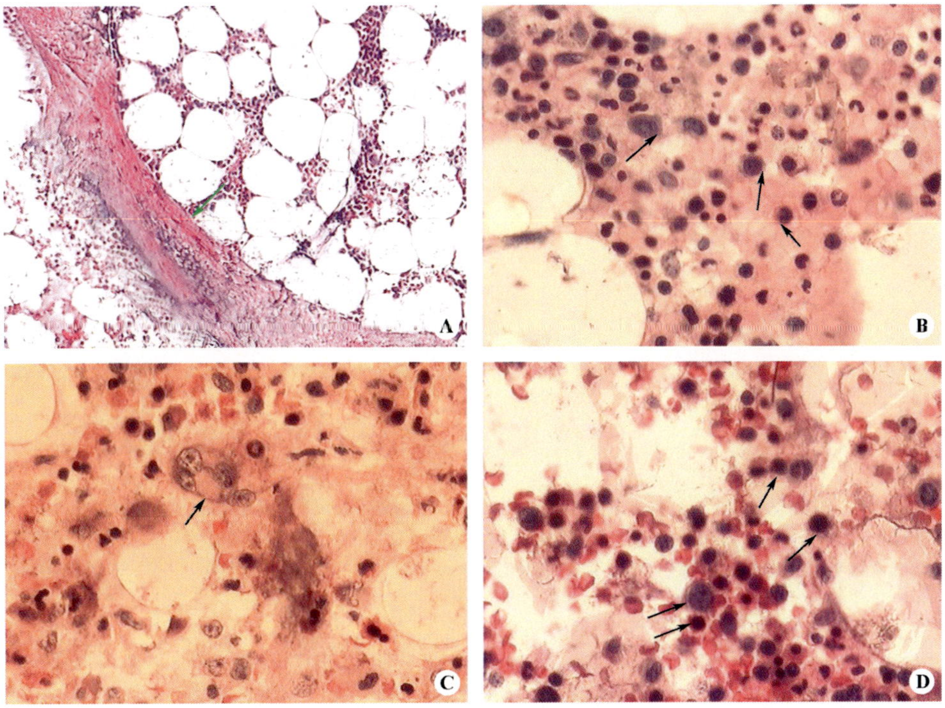

图1-11　正常骨髓组织结构

A.箭头所指为骨髓小梁；B.箭头所指为粒系细胞；C.箭头所指为巨核细胞；D.箭头所指为红系细胞（塑料包埋切片，H-Giemsa-E染色；A×100；B、C、D×400）

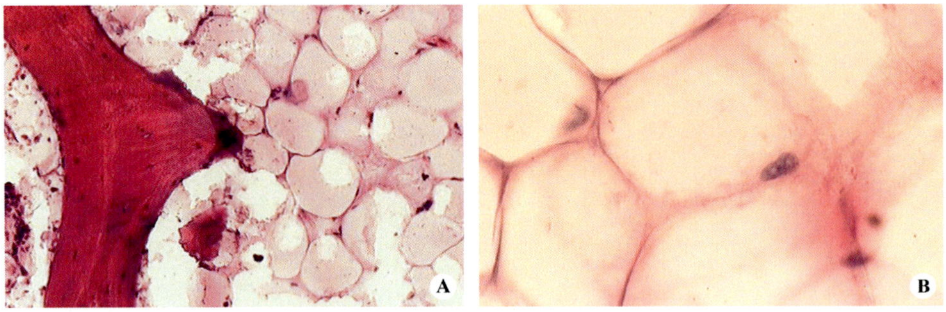

图1-12　再生障碍性贫血

A.骨髓增生极度低下，间质水肿，脂肪细胞增多，造血细胞极少，巨核细胞缺乏；B.骨髓造血细胞几乎消失，脂肪细胞变性,崩解（塑料包埋切片，H-Giemsa-E染色；A×100；B×400）

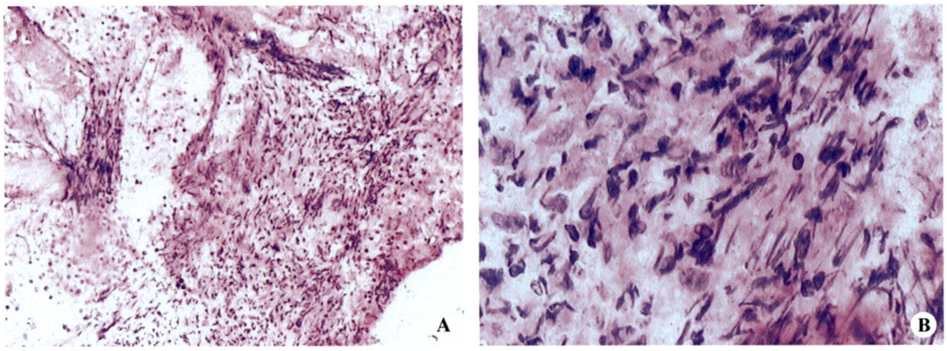

图1-13　继发性骨髓纤维化

A.骨髓造血细胞减少，纤维细胞及成纤维细胞增生；B.造血细胞明显减少，胶原纤维广泛增生（塑料包埋切片，H-Giemsa-E染色；A×100；B×400）

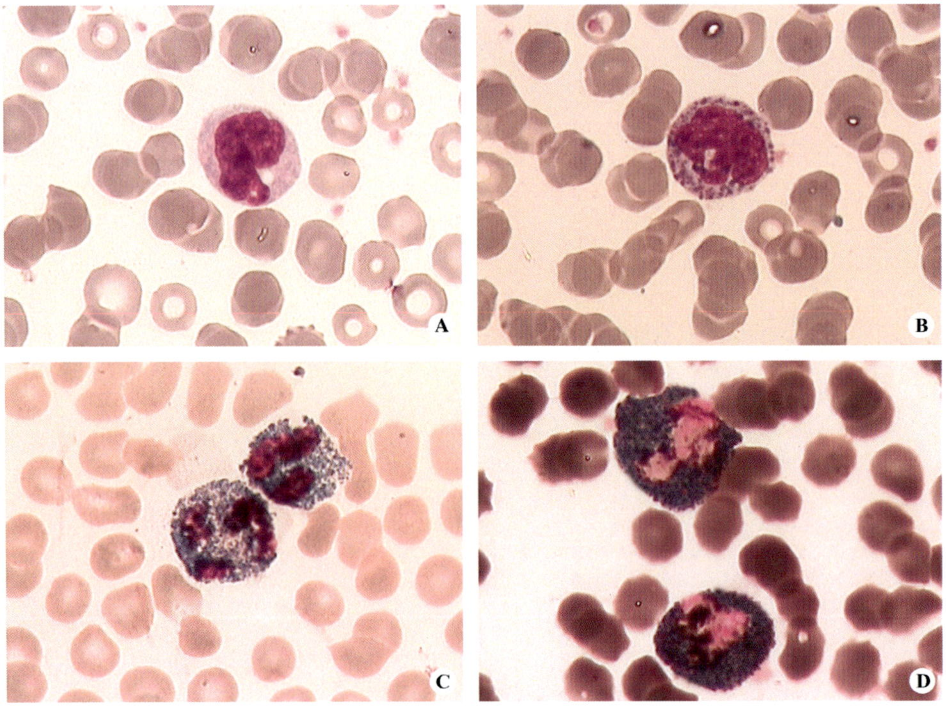

图1-14　过氧化物酶染色

A.阴性；B.弱阳性；C.阳性；D.强阳性（四甲基联苯胺法：×1000）

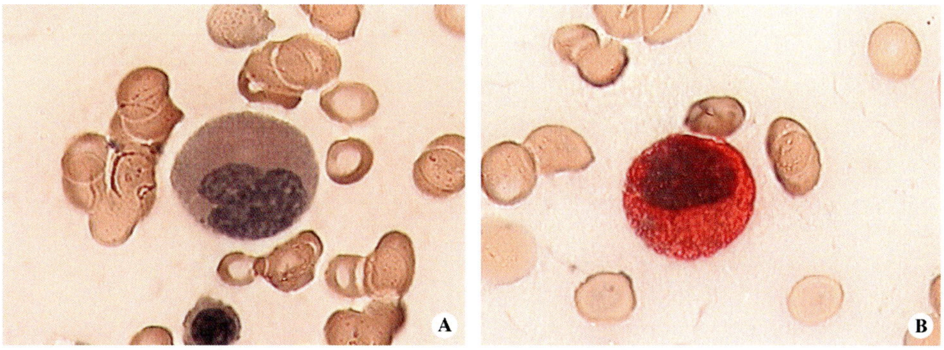

图1-15 酯酶染色

A. 阴性；B. 阳性（氯乙酸AS-D萘酚法；×1000）

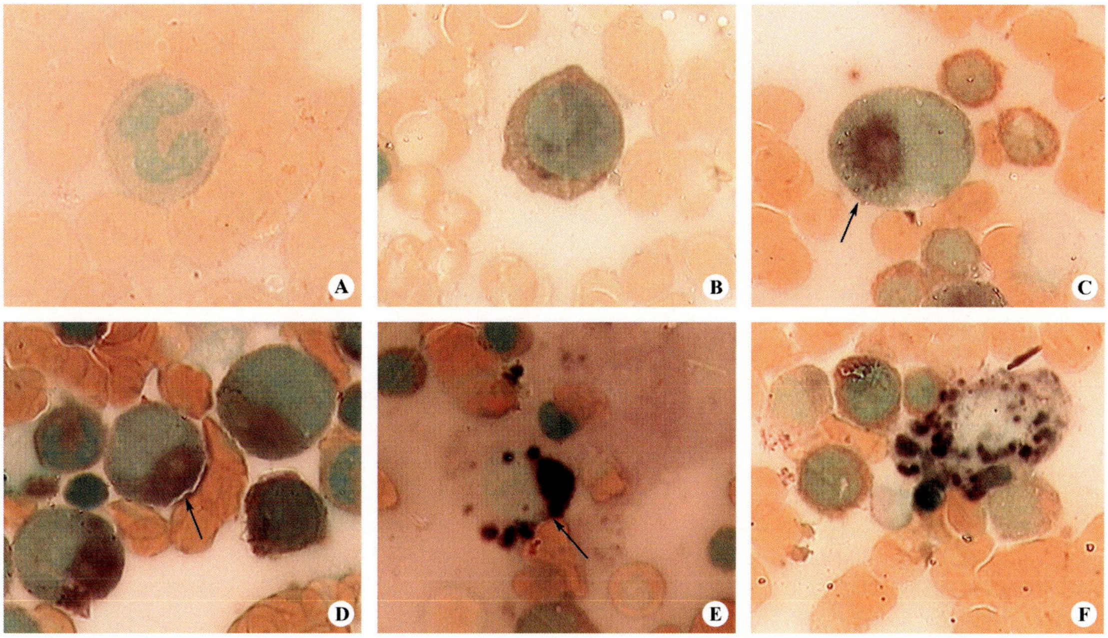

图1-16 酯酶染色

A. −；B. +/−；C. +；D. ++；E. +++；F. ++++（α-乙酸萘酚法；×1000）

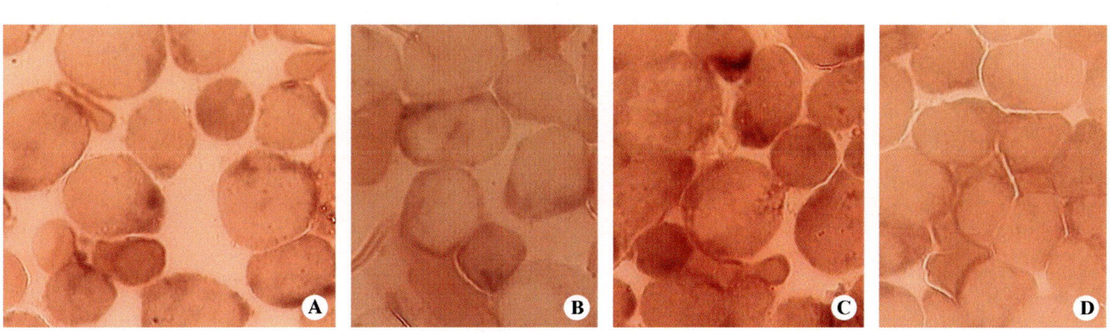

图1-17 酯酶染色NaF抑制

A. 急性粒细胞白血病NAE阳性；B. NaF抑制阴性；C. 急性单核细胞白血病NAE阳性；D.NaF抑制阳性（α-乙酸萘酚法；×1000）

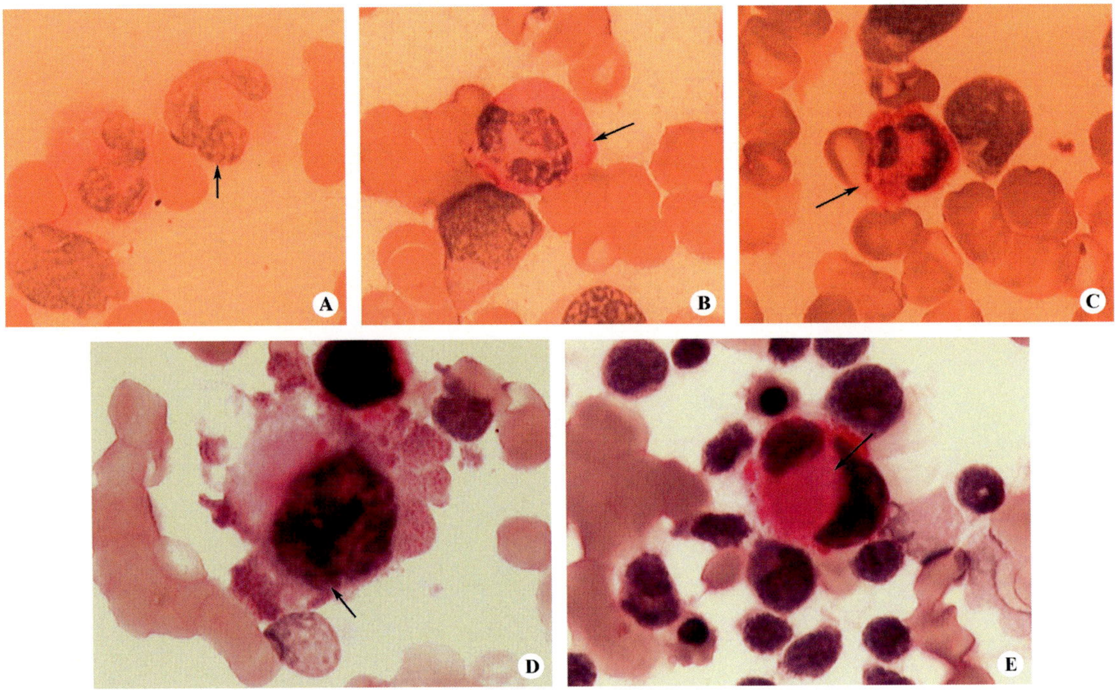

图1-18　糖原染色

A. －；B. +；C. ++；D. +++；E. ++++（过碘酸-希夫染色；×1000）

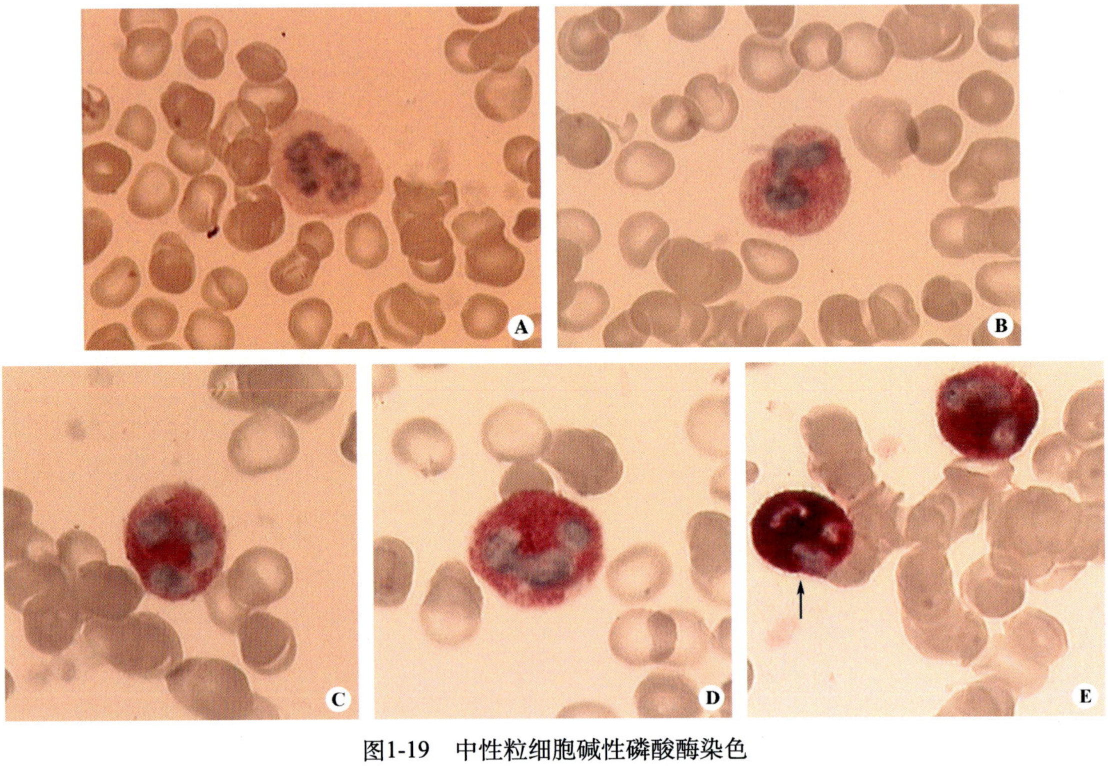

图1-19　中性粒细胞碱性磷酸酶染色

A. －；B. +；C. ++；D. +++；E. ++++（Kaplow偶氮偶联法；×1000）

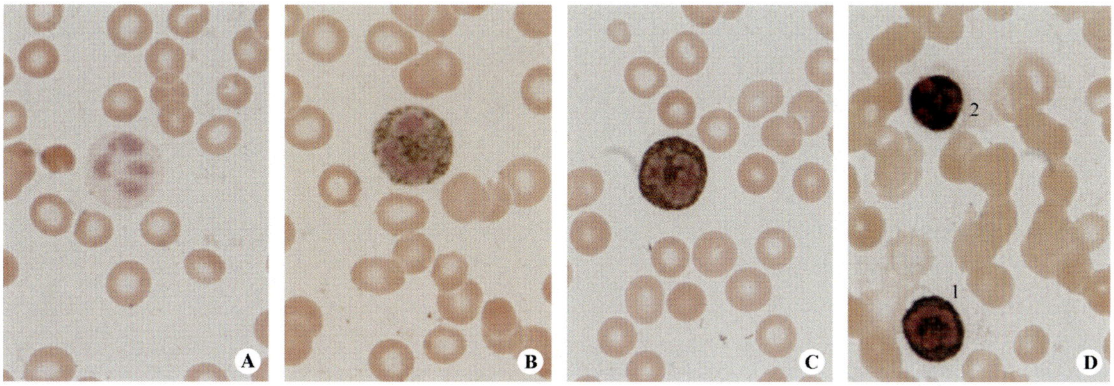

图1-20　中性粒细胞碱性磷酸酶染色

A. −；B. +；C. ++；D.（1+++、2++++）（Gomori钙-钴法；×1000）

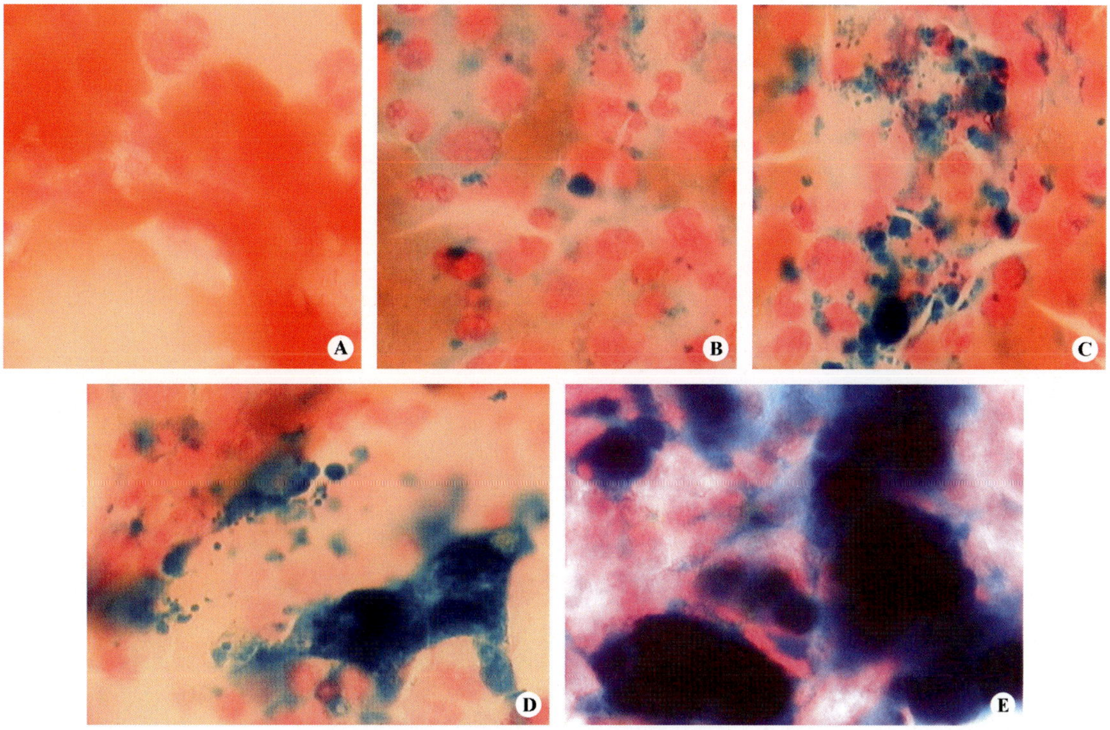

图1-21　骨髓外铁反应程度判断

A. −；B. +；C. ++；D. +++；E. ++++（铁染色；×1000）

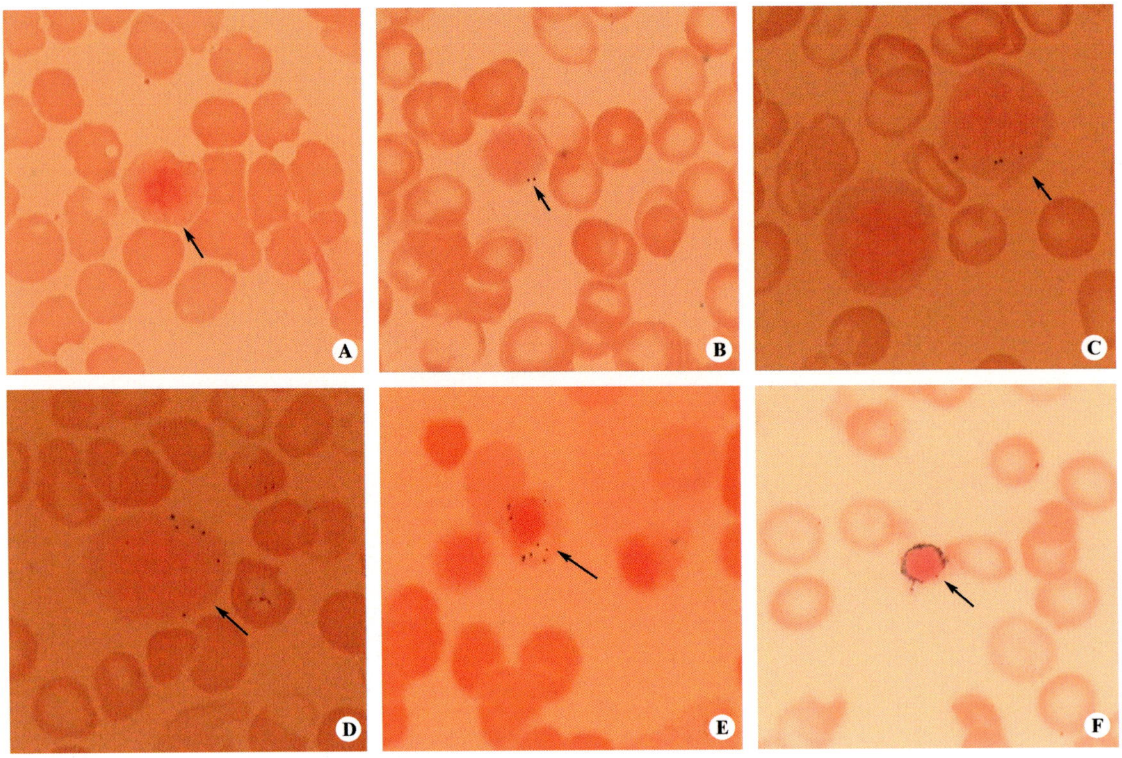

图1-22　骨髓幼红细胞内铁反应程度判断

A.阴性；B.Ⅰ型；C.Ⅱ型；D.Ⅲ型；E.Ⅳ型；F.环形铁粒幼红细胞（铁染色；×1000）

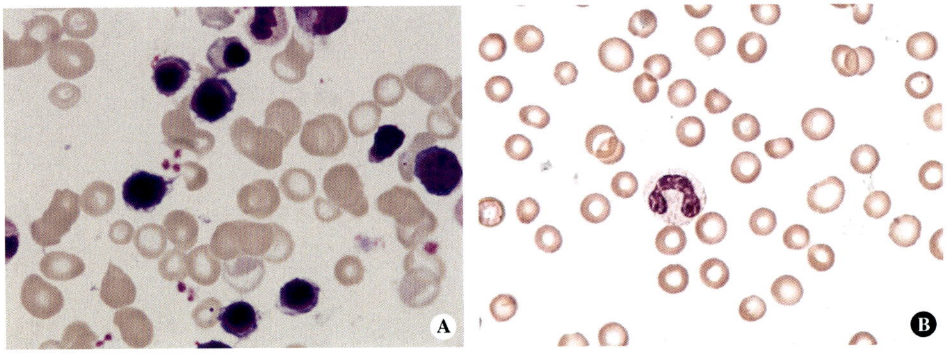

图2-1　缺铁性贫血

A. 骨髓象：增生明显活跃，红系比例增高，幼红细胞胞体小，核老质幼改变；B. 血象：成熟红细胞胞体大小不均，以小细胞为主，中心淡染区扩大（瑞-姬染色；×1000）

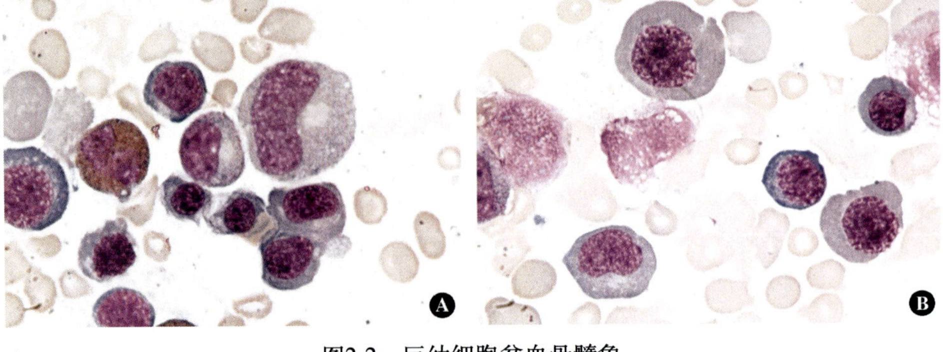

图2-2　巨幼细胞贫血骨髓象

A．红系明显增生，胞体大呈核幼质老改变，可见巨大红细胞、巨晚幼粒细胞；B.红系明显增生，胞体大呈核幼质老改变，可见中巨幼红细胞（瑞-姬染色；×1000）

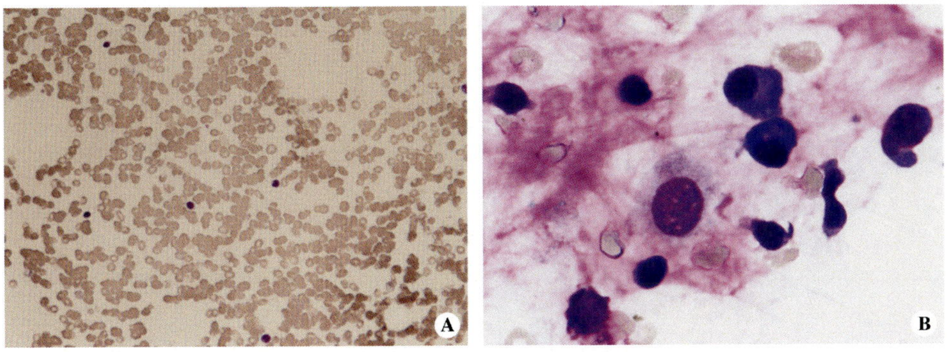

图2-3　再生障碍性贫血骨髓象

A. 见较多脂肪滴，有核细胞增生极度减低；B. 骨髓小粒空虚，非造血细胞增多，可见浆细胞、组织嗜碱细胞、淋巴细胞（瑞-姬染色；A×100；B×1000）

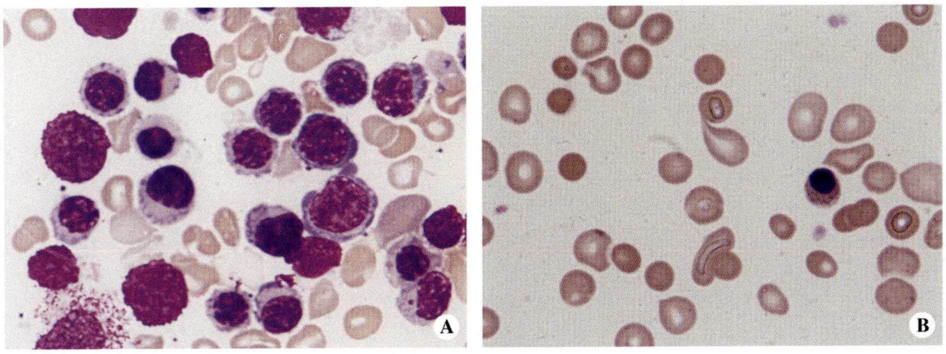

图2-4　AIHA骨髓象、血象

A. AIHA骨髓象：红系增生旺盛，见较多中、晚幼红细胞及退化细胞，可见H-J小体；B. AIHA血象：成熟红细胞大小不均，见较多球形红细胞，胞体小，圆形，着色深，中心淡染区消失，可见1个晚幼红细胞（瑞-姬染色；×1000）

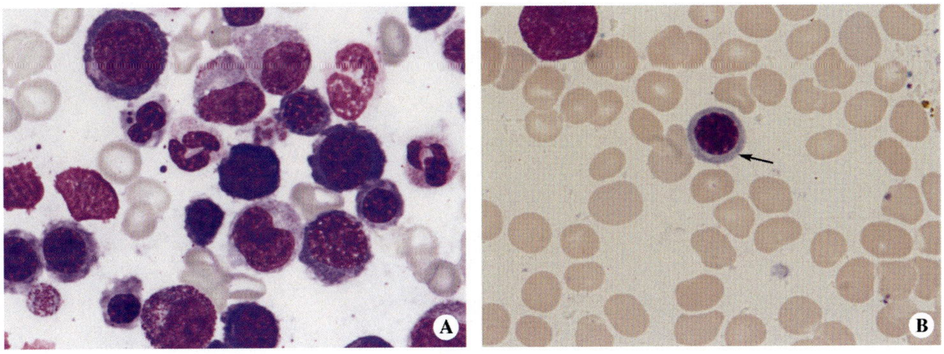

图 2-5　G-6-PD 缺乏症骨髓象、血象

A. G-6-PD 缺乏症骨髓象（红系增生旺盛，以中、晚幼红细胞为主，早幼红易见）；B. G-6-PD 缺乏症血象（成熟红细胞轻度大小均匀，可见“咬”形红细胞，1 个中幼红细胞）（瑞 - 姬染色；×1000）

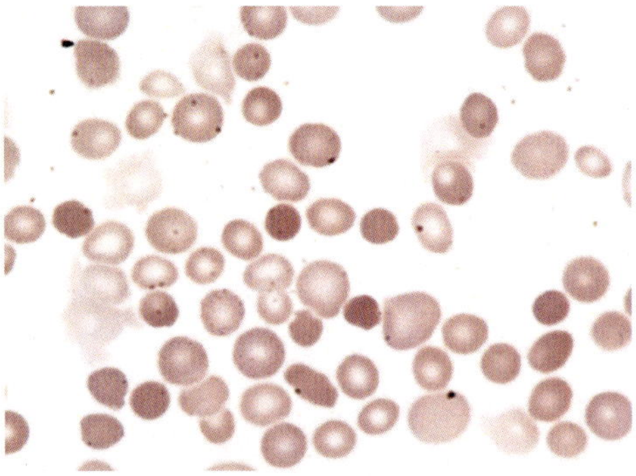

图2-6 HS血象

成熟红细胞大小不均，见较多球形红细胞，胞体小，圆形，着色深，中心淡染区消失（瑞-姬染色；×1000）

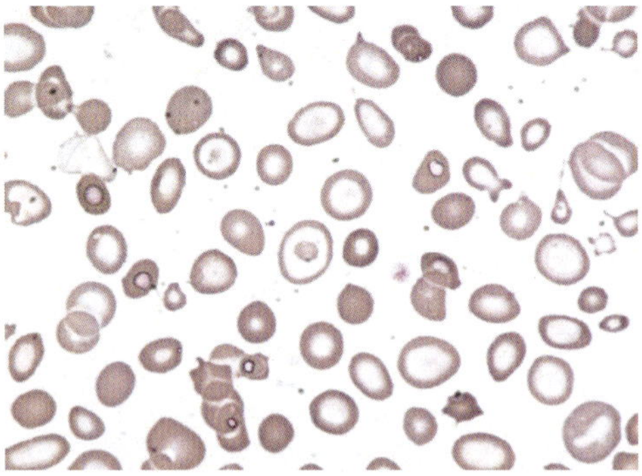

图2-7 珠蛋白生成障碍性贫血血象

成熟红细胞大小不均，中心淡染区扩大，畸形性明显，可见靶形、椭圆形、泪滴形、盔形红细胞及碎片

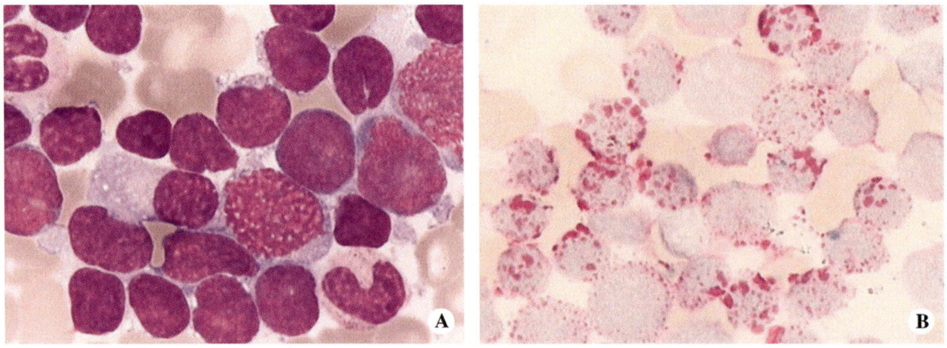

图3-1 急性淋巴细胞白血病骨髓片

A. 淋巴细胞异常增生（瑞氏染色；×1000）；B. 胞质中粗粒、块状阳性反应物（PAS 染色；×1000）

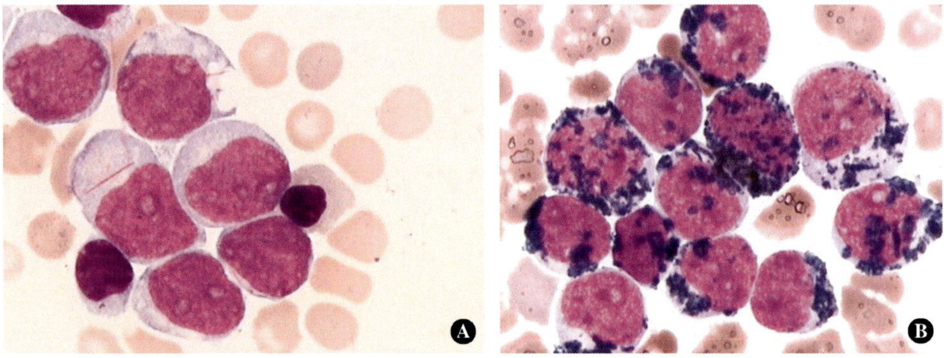

图3-3 急性白血病M2a骨髓片

A. 急性白血病M2a骨髓片（瑞氏染色；×1000）；B. 急性白血病M2a骨髓片（POX染色；×1000）

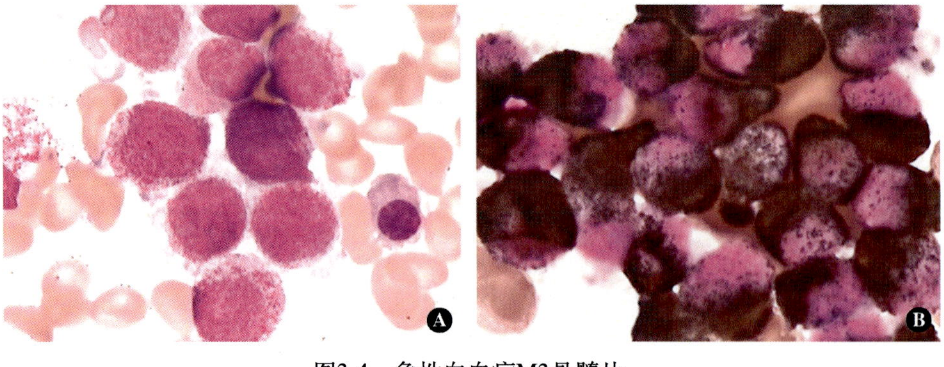

图3-4 急性白血病M3骨髓片

A. 急性白血病M3骨髓片（瑞氏染色；×1000）；B.急性白血病M3骨髓片（POX染色；×1000）

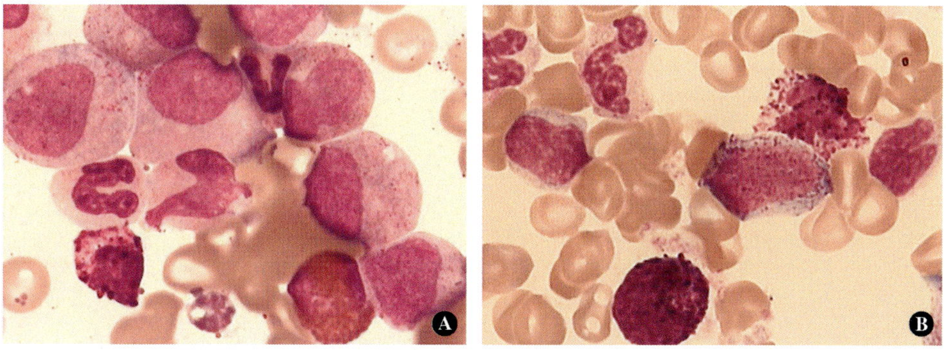

图3-5　慢性粒细胞白血病

A. 骨髓片；B. 血片（瑞氏染色；×1000）

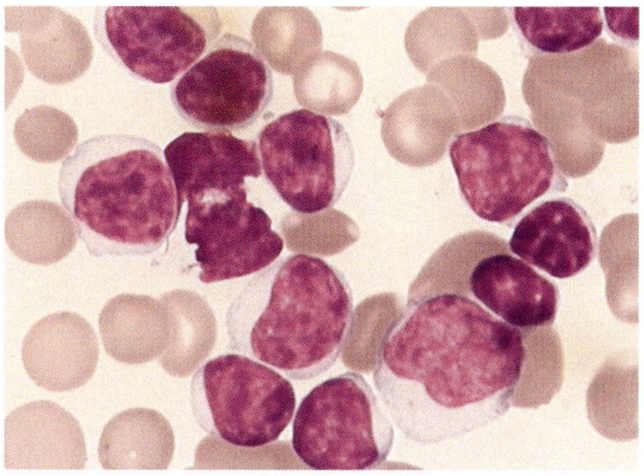

图3-6　慢性淋巴细胞白血病骨髓片

（瑞氏染色；×1000）

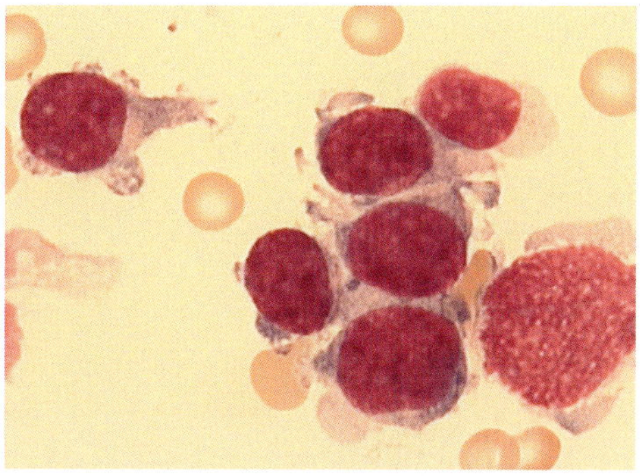

图3-7　急性巨核细胞白血病骨髓片

（瑞氏染色；×1000）

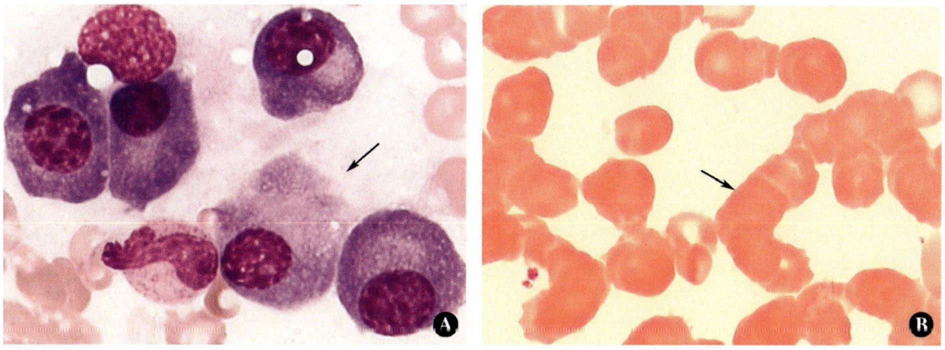

图3-8　多发性骨髓瘤骨髓片及血片

A. 骨髓片，见大量异常浆细胞；B. 血片，成熟红细胞呈缗钱样排列（瑞-姬染色；×1000）

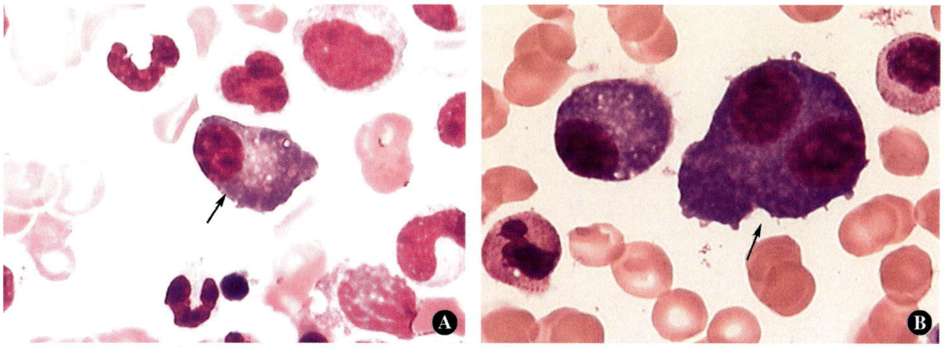

图3-9　正常浆细胞与异常浆细胞鉴别

A. 正常骨髓中浆细胞；B. 多发性骨髓浆瘤中异常浆细胞（瑞-姬染色；×1000）

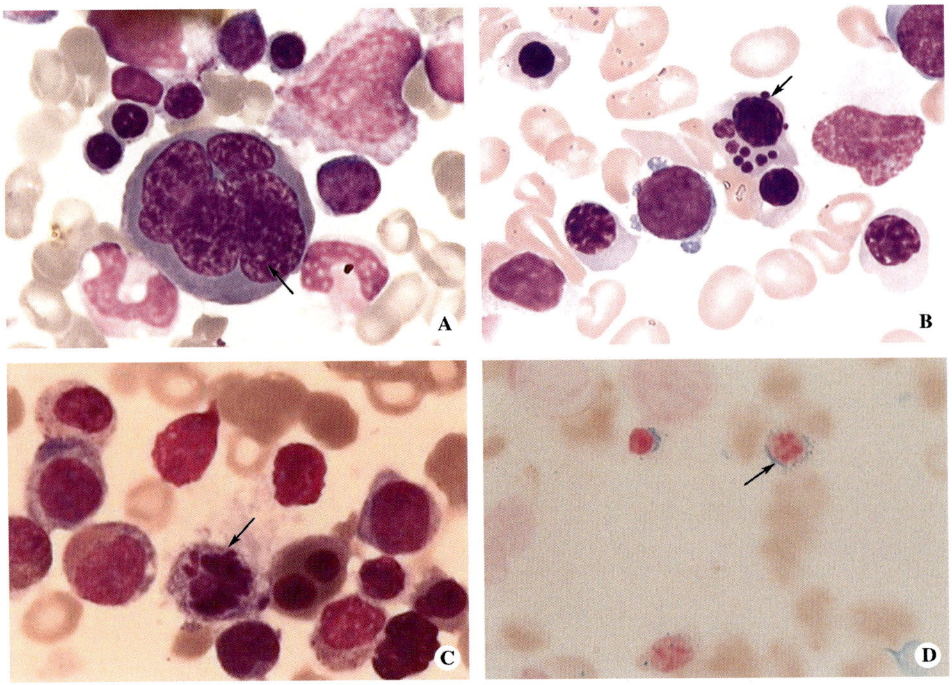

图3-11　红细胞系病态造血

A. 多核超巨幼红细胞；B. 核碎片；C. 异常核分裂象（瑞氏染色；×1000）
D. 环形铁粒幼红细胞（铁染色；×1000）

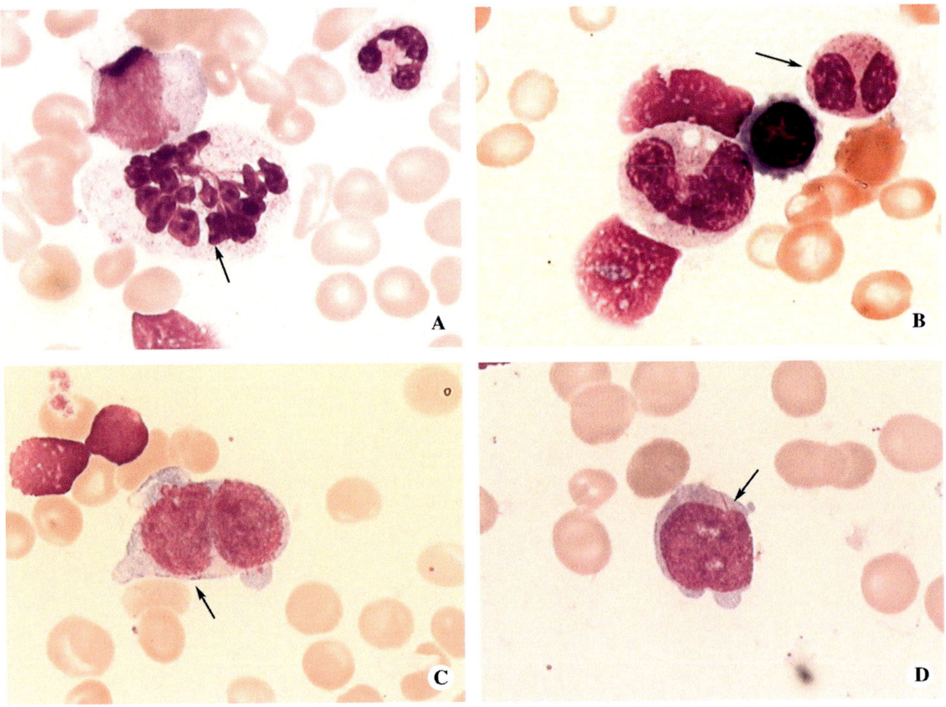

图3-12　粒细胞系病态造血

A. 核分叶过多；B. 派克畸形；C. 双核幼稚粒细胞；D. 原始细胞Auer小体（瑞氏染色；×1000）

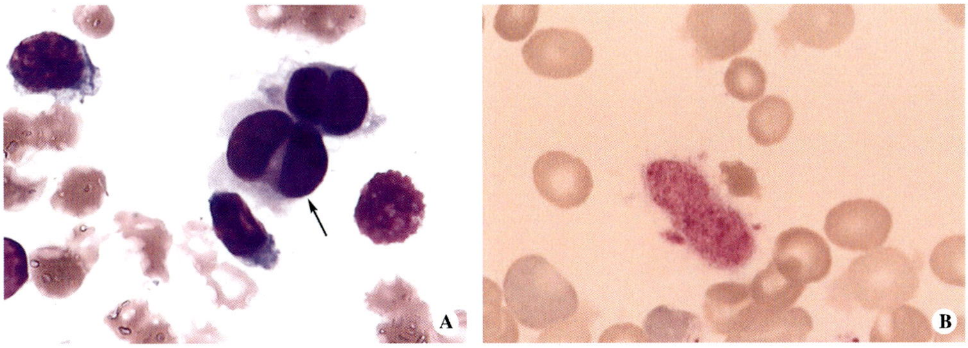

图3-13　巨核细胞系病态造血

A. 小巨核细胞；B. 巨大血小板（瑞氏染色；×1000）

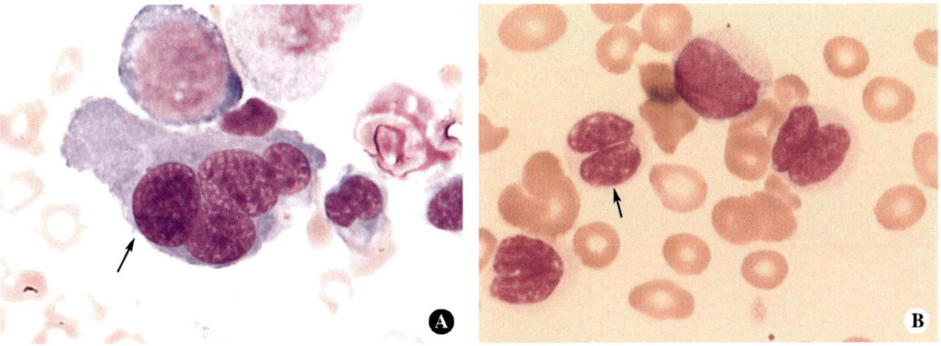

图3-14　MDS骨髓片

A. 多核超巨幼红；B. 派克畸形（瑞氏染色；×1000）

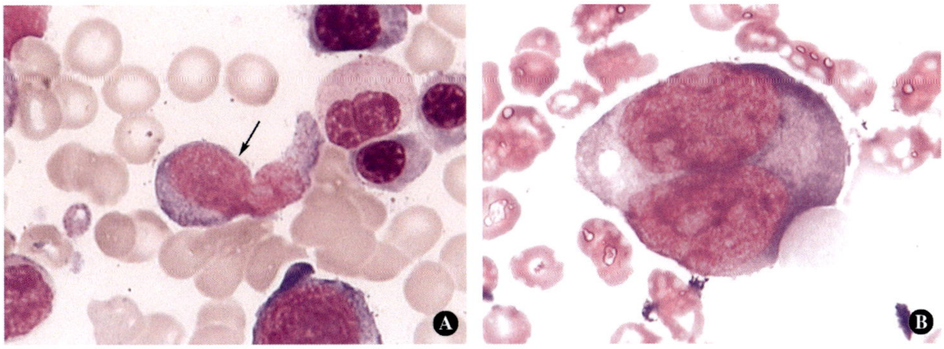

图3-15　NHL和HD骨髓片

A. NHL淋巴瘤细胞；B. HD淋巴瘤细胞双核呈镜影状排列（瑞-姬染色；×1000）

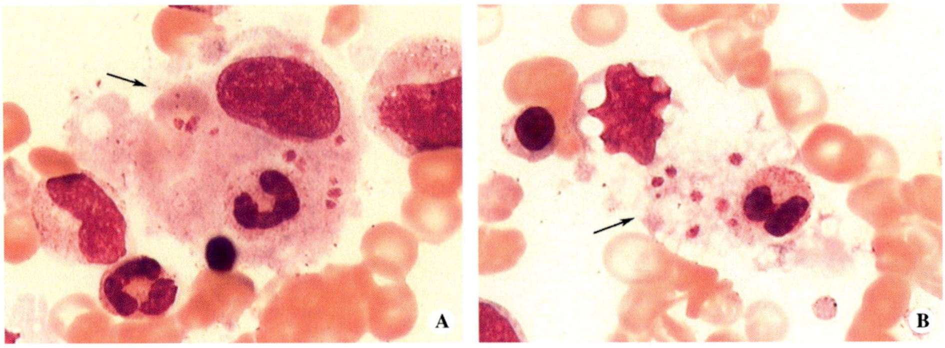

图3-16 噬血细胞综合征骨髓象

A. 可见吞噬细胞吞噬血小板、粒细胞及幼稚红细胞；B. 可见吞噬血小板、粒细胞（瑞-姬染色；×1000）

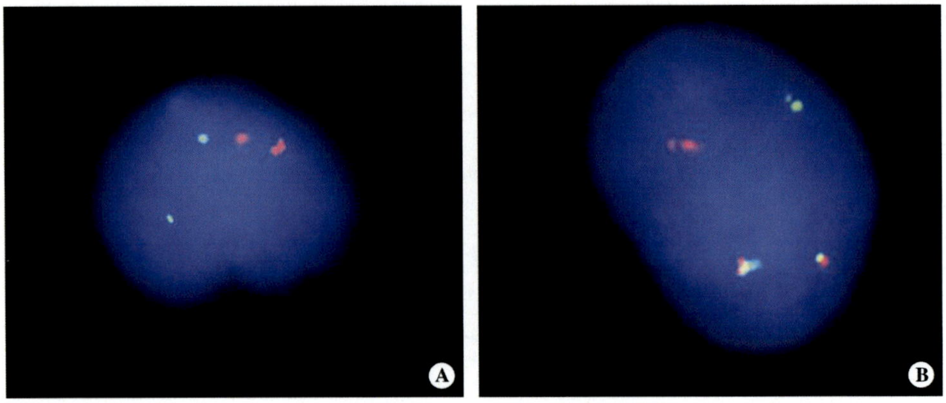

图5-3 FISH检测PML/RARα融合基因

A. 正常间期细胞中2绿2红正常荧光信号；B. APL间期细胞中1绿1红正常信号以及2个PML/RARα融合的黄色信号